Grundlagen Deutsch

Petra Zwerenz

Lernziel-kontrollen

4

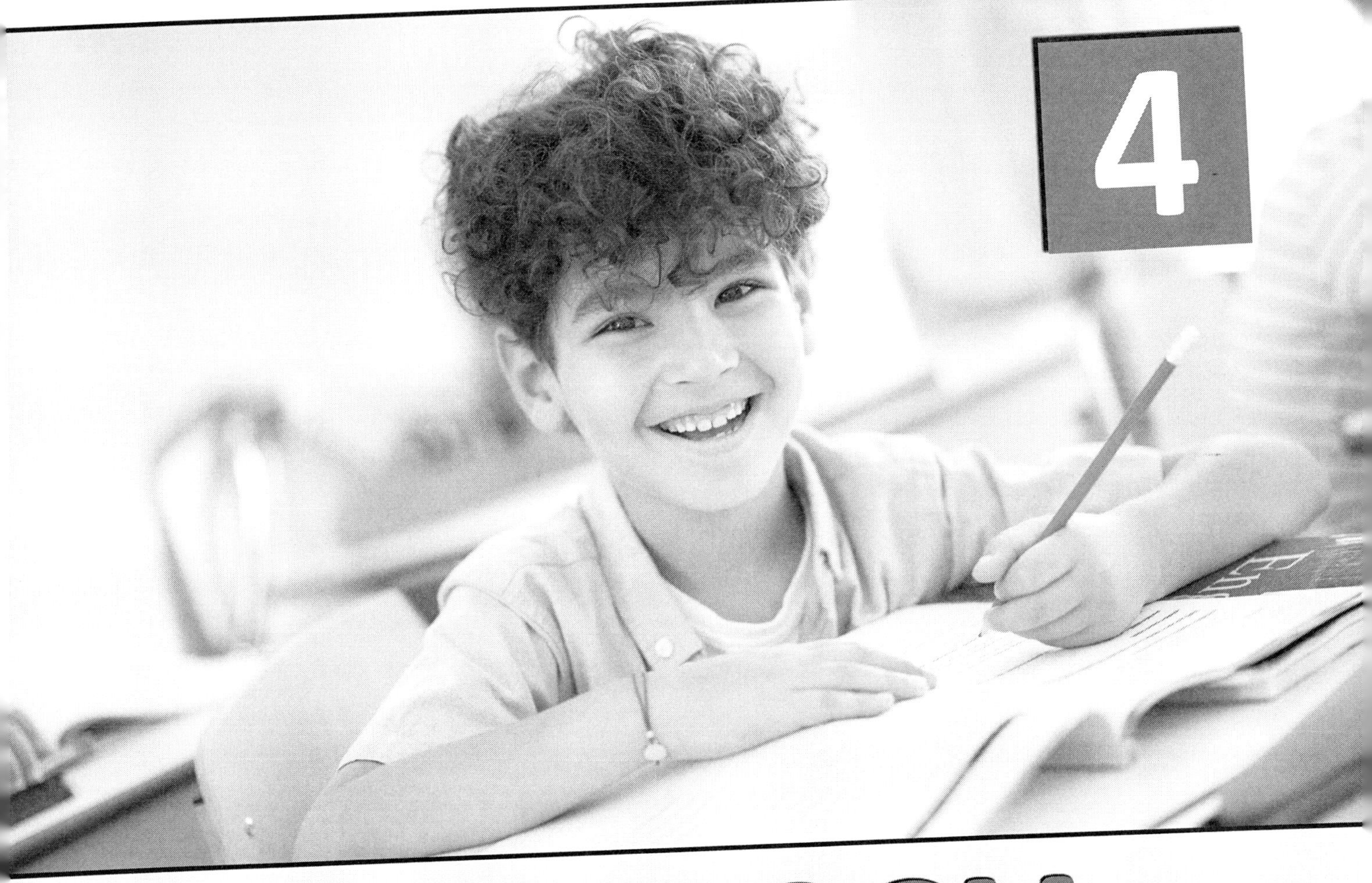

DEUTSCH

Klasse 4

www.kohlverlag.de

Lernzielkontrollen DEUTSCH

Klasse 4

1. Auflage 2024

Inhalt: Petra Zwerenz
Umschlagbild: © zinkevych - AdobeStock
Redaktion: Kohl-Verlag
Grafik & Satz: Kohl-Verlag
Druck: prosatz GmbH, Hückelhoven

Bestell-Nr. 12 976

ISBN: 978-3-98558-248-8

Bildquellen: © AdobeStock.com:
S.2: Africa Studio; S. 8: Andrey Kiselev; S. 10: majonit; S. 12: Klaus Eppele; S. 14: ooddysmile; S. 16: piai; S. 18: Marynkka_muis_ua; S. 20: Ana Gram; S. 22: Raanan; S. 24: Kara; S. 26: Alekss; S. 53+73: abbydesign; S. 55: El Gaucho

Inhalt

Lernzielkontrollen Deutsch / Klasse 4 – Bestell-Nr. 12 976

Vorwort

Liebe Kolleginnen und Kollegen,

mit diesem Heft erhalten Sie eine Sammlung von 47 meist ein- bis anderthalbseitigen Lernzielkontrollen für das Fach Deutsch in Klasse 4. Enthalten sind Rechtschreib-, Grammatik- und Lesetests sowie unterschiedliche Vorschläge für Aufsatzthemen, zur Überarbeitung von Texten, zu Sprichwörtern und Redensarten sowie Diktattexte und Material für Wörterdiktate.

Alles, was Flügel, Flossen oder vier Pfoten bzw. Hufe hat, versammelt sich in den Textbausteinen, um für die Schülerinnen und Schüler die Lernzielkontrollen so unterhaltsam wie möglich zu gestalten.

Das Ein-Seiten-Format der Lernzielkontrollen bringt es auch mit sich, dass sich jede von ihnen in der Regel nur mit einem einzelnen Rechtschreib- oder Grammatikthema beschäftigt. Für thematisch umfangreichere Tests und Klassenarbeiten bietet sich jedoch die Möglichkeit, mehrere von ihnen miteinander zu kombinieren.

Bitte fühlen Sie sich frei, die Tests, Aufsatzthemen und Klassenarbeiten so abzuwandeln, zu erweitern oder zu kürzen, dass sie zu Ihrer Klasse und deren Niveau passen. Aus genau diesem Grunde wurde auch auf Vorschläge zu einer Punktevergabe verzichtet, sodass Sie die Ihnen sinnvoll erscheinende Gewichtung selbst festlegen können.

Vor der Verwendung der einzelnen Seiten als Tests empfiehlt es sich natürlich, diese genau zu prüfen, um zu eruieren, ob die Inhalte der Übungen für die Kinder so lösbar sind oder ob hier erst noch Vorarbeit geleistet werden muss. Vielleicht ist den Kindern das ein oder andere Sprichwort noch nicht bekannt und muss erst noch in die Unterrichtsgestaltung integriert werden. Besondere Aufmerksamkeit sollte im Voraus jenen Testformaten gewidmet werden, die auch grammatikalische oder orthografische Merksätze als Lückentexte enthalten. Diese sollten auf alle Fälle zuvor besprochen und möglichst auch im Merkheft oder Deutschheft festgehalten werden.

Last but not least sei erwähnt, dass auch dieses Arbeitsheft im hinteren Teil einen Lösungsblock enthält, in dem Sie zu allen Ausfüllaufgaben die passenden Antworten finden. Er soll Ihnen beim Korrigieren der Tests eine Hilfestellung sein. Zu Aufgabenformaten, die individuelle Ergebnisse mit sich bringen, finden Sie fast überall Beispiellösungen.

Viel Spaß und viel Erfolg bei der Arbeit mit diesem Heft wünschen Ihnen die Redaktion des Kohl-Verlags und

Petra Zwerenz

Test: Doppelkonsonant oder einfacher Konsonant am Wortende?

Name: ______________________

Aufgabe 1: a) *Kreuze die richtige Schreibweise an. Achte auf die Aussprache.*

Kam ☐ / Kamm ☐	Stam ☐ / Stamm ☐	dün ☐ / dünn ☐
schlim ☐ / schlimm ☐	Fet ☐ / Fett ☐	Bret ☐ / Brett ☐
Blut ☐ / Blutt ☐	Wut ☐ / Wutt ☐	hel ☐ / hell ☐
flot ☐ / flott ☐	Schut ☐ / Schutt ☐	Not ☐ / Nott ☐
Brot ☐ / Brott ☐	dum ☐ / dumm ☐	Sin ☐ / Sinn ☐
grel ☐ / grell ☐		

b) *Schreibe die obigen Nomen hier mit ihrem bestimmten Artikel und ihrer Mehrzahlform auf. (Achtung: Es gibt auch Nomen ohne Mehrzahl.)*

c) *Schreibe die obigen Adjektive mit ihren beiden Steigerungsformen auf.*

___/___P.

Test: Doppelkonsonant oder einfacher Konsonant am Wortende?

Name: ______________________

Aufgabe 2: a) *Kreuze auch hier die richtige Schreibweise an.*

Absaz ☐/Absatz ☐	Nez ☐/Netz ☐	Sak ☐/Sack ☐
Flek ☐/Fleck ☐	Kauz ☐/Kautz ☐	Plaz ☐/Platz ☐
Rok ☐/Rock ☐	dik ☐/dick ☐	Filz ☐/Filtz ☐
Glanz ☐/Glantz ☐	Gelenk ☐/Gelenck ☐	Stük ☐/Stück ☐
Besiz ☐/Besitz ☐	Scherz ☐/Schertz ☐	blank ☐/blanck ☐
Plastik ☐/Plastick ☐		

b) *Welche Buchstabenkombination wird statt -kk- verwendet?*

____

c) *Welche Buchstabenkombination wird statt -zz- verwendet?*

____

d) *Suche vier Nomen von oben aus und schreibe sie hier mit ihrer Mehrzahlform und dem bestimmten Artikel auf!*

____________________ ____________________

____________________ ____________________

____________________ ____________________

____________________ ____________________

___/___P.

Punkte: ___/___ Note: ______ Unterschrift der Eltern: ______________

Lernzielkontrollen Deutsch / Klasse 4 – Bestell-Nr. 12 976

Test: z oder tz am Wortende?

Name: ____________________

Aufgabe 1: *Kreuze die richtige Schreibweise an!*

Witz ☐ / Wiz ☐	Spatz ☐ / Spaz ☐	Klotz ☐ / Kloz ☐
Kitz ☐ / Kiz ☐	Blitz ☐ / Bliz ☐	Tantz ☐ / Tanz ☐
Pelz ☐ / Peltz ☐	Herz ☐ / Hertz ☐	Krantz ☐ / Kranz ☐
Prinz ☐ / Printz ☐	Holz ☐ / Holtz ☐	Sturz ☐ / Sturtz ☐

____ / ____ P.

Aufgabe 2: a) *Schreibe nun hier alle z-Wörter von Aufgabe 1 auf und verlängere sie, indem du die Mehrzahlform bildest. Schreibe sie mit bestimmtem Artikel auf.*

b) *Mache nun dasselbe mit den tz-Wörtern von Aufgabe 1.*

____ / ____ P.

KOHL VERLAG Lernzielkontrollen Deutsch / Klasse 4 – Bestell-Nr. 12 976

Name: ______________________

Aufgabe 3: a) *Suche dir nun drei Nomen mit -z am Ende aus und bilde dazu die Verben in der Ich- und der Wir-Form. Schreibe sie mit Pronomen auf.*

________________ ________________ ________________

________________ ________________ ________________

________________ ________________ ________________

b) *Suche dir nun zwei Nomen mit -tz am Ende aus und bilde dazu Adjektive in der Grundform und ersten Steigerungsform.*

________________ ________________ ________________

________________ ________________ ________________

___/___P.

Punkte: ___/____ Note: ______ Unterschrift der Eltern: ________________

KOHL VERLAG Lernzielkontrollen Deutsch / Klasse 4 – Bestell-Nr. 12 976

Test: k oder ck am Wortende?

Name: ______________________

Aufgabe 1: *Setze k oder ck ein!*

die Ban___	der Schran___	der Bo___	das Do___	der Bli___
der Sa___	der Dan___	kran___	star___	di___
der Sto___	das Gelen___	der Zwe___	das Glü___	blan___
der Dru___	das Gede___	der Fle___	der Ru___	der Ru___sa___
der Blo___	das Geträn___	das Wer___	das Stü___	der Pul___

___/___P.

Aufgabe 2: *Suche dir von den Nomen aus Aufgabe 1 vier Stück aus, die nur mit einfachem -k am Ende geschrieben werden. Schreibe sie mit bestimmtem Artikel auf und verlängere sie, indem du die Mehrzahlform dazu aufschreibst.*

___/___P.

Aufgabe 3: *Erkennst du bei den oben stehenden Wörtern eine Regel? Wann wird mit -ck am Ende geschrieben, wann nur mit -k? Erkläre!*

___/___P.

Aufgabe 4: *Suche nun von den ck-Nomen aus Aufgabe 1 drei Stück aus und bilde damit Sätze. In diesen sollen die ck-Wörter in der Mehrzahl-Form stehen.*

___/___P.

KOHL VERLAG Lernzielkontrollen Deutsch / Klasse 4 – Bestell-Nr. 12 976

Test: k oder ck am Wortende?

Name: ______________________

Aufgabe 5: *Schreibe die vier Adjektive aus Aufgabe 1 hier auf und verlängere sie, indem du sie mit einem Nomen kombinierst. (Beispiel: hohl – ein hohler Baum)*

______________________ ______________________

______________________ ______________________

______________________ ______________________

______________________ ______________________

___/___P.

KOHL VERLAG Lernzielkontrollen Deutsch / Klasse 4 – Bestell-Nr. 12 976

Punkte: ___/___ Note: _____ Unterschrift der Eltern: ______________

Test: s, ss oder ß am Wortende?

Name: ____________________

Aufgabe 1: ***Setze den richtigen s-Laut ein! Denke an die Aussprache!***

der Flu___	das Fa___	der Spa___	der Fu___	der Gu___	das Gla___
das Gra___	das Ma___	das Lo___	der Klo___	der Spie___	der Sto___
der Grie___	das Verlie___	das Flo___	der Genu___	das Moo___	der Scho___
der Gru___	der Ku___	der Ba___	das Gebi___	der Ri___	der Ru___

___/___P.

Aufgabe 2: a) *Schreibe nun alle Wörter mit -ss am Ende hier mit dem bestimmten Artikel auf und verlängere sie, indem du die Mehrzahl bildest.*

b) *Mache nun dasselbe mit allen Wörtern, die ein -s am Ende haben.*

___/___P.

KOHL VERLAG Lernzielkontrollen Deutsch / Klasse 4 – Bestell-Nr. 12 976

Test: s, ss oder ß am Wortende?

Name: ______________________

Aufgabe 3: a) *Suche dir nun drei Wörter aus Aufgabe 1 aus, die -ß am Ende haben und bilde mit ihnen einen Satz. Verwende die Wörter in der Mehrzahlform.*

____

____

____

b) *Mache dasselbe mit drei Wörtern, die auf -s enden. Verwende bei diesen Sätzen die Wörter ebenfalls in der Mehrzahlform.*

____

____

____

___/___P.

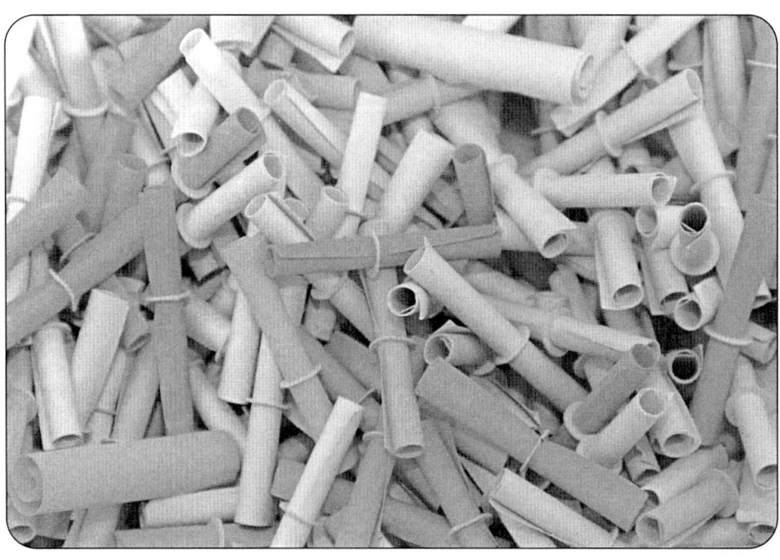

Punkte: ___/____ Note: ______ Unterschrift der Eltern: ______________

KOHL VERLAG Lernen mit Erfolg
Lernzielkontrollen Deutsch / Klasse 4 – Bestell-Nr. 12 976

Test: „das" oder „dass"?

Name: ____________________

Aufgabe 1: Setze in die Sätze „das" oder „dass" ein.

a) Ich verstehe ______ alles einfach nicht.
b) Ich kann verstehen, ______ Pauline wütend ist.
c) Die Kaninchen fressen ______ neue Heu nicht.
d) Ich glaube, _____ ihnen _____ neue Heu zu staubig ist.
e) Hast du schon mal erlebt, _____ Trixie jemanden gebissen hat?
f) Kannst du dir vorstellen, _____ Miezi beim Tierarzt Angst hat?
g) Dafür, _____ er seine Äpfel nicht frisst, habe ich keine Erklärung.
h) _____ Vögelchen ist bei uns gegen die Scheibe geknallt.
i) Ich glaube schon, _____ sich _____ Vögelchen wieder erholen wird.
j) _____ _____ Häschen noch verängstigt war, _____ war mir schon klar.

___/___P.

Aufgabe 2: Kennst du die Regel? Wann wird „das", wann wird „dass" geschrieben?

____

____

____

___/___P.

Aufgabe 3: a) Es gibt ein paar Verben, die häufig dass-Sätze einleiten. Kennst du sie? Schreibe vier davon in der Grundform auf!

____

b) Gestalte nun mit jedem dieser vier Verben einen dass-Satz.

____

____

____

____

___/___P.

KOHL VERLAG Lernzielkontrollen Deutsch / Klasse 4 – Bestell-Nr. 12 976

Test: „das" oder „dass"?

Name: ______________________

Aufgabe 4: „Das" oder „dass"? Fülle den Lückentext aus.

________ Mädchen Kira und seine Mama sind heute in einem Wildpark. ________ ist ein großes Gelände, ________ von vielen heimischen Tieren bewohnt wird. Sie sehen, ________ es Damhirsche, Rehe, Wildschweine und Greifvögel gibt. ________ Reh, ________ zu ihnen sofort an den Zaun kommt, nennen sie Veronika. Dadurch, ________ es nur ein Auge hat, kann es nicht verwechselt werden. Kira und Mama glauben aber, ________ sich ________ Reh schon daran gewöhnt hat.

___/___P.

KOHL VERLAG Lernzielkontrollen Deutsch / Klasse 4 – Bestell-Nr. 12 976

Punkte: ___/____ Note: ______ Unterschrift der Eltern: ______________________

Test: „wen" oder „wenn"?

Name: ______________________

Aufgabe 1: *Setze in die folgenden Sätze „wen" oder „wenn" ein.*

a) ________ *hast du denn da gerade getroffen?*

b) *Ich bringe Flocki mit,* ________ *ich komme.*

c) *Du kannst mitbringen,* ________ *du möchtest.*

d) ________ *du kommst, zeige ich dir unser neues Fohlen.*

e) *Ja,* ________ *haben wir denn da?*

f) ________ *besuchst du,* ________ *du morgen nach Stuttgart fährst?*

g) ________ *ich nach Stuttgart fahre, besuche ich immer meine Tante Anni.*

h) *Ich bin immer ganz aus dem Häuschen,* ________ *ich junge Kätzchen sehe.*

i) *Und ich bin glücklich,* ________ *mir kleine Hunde entgegenkommen.*

j) ________ *möchtest du alles zum Geburtstag einladen?*

____/____P.

Aufgabe 2: „Wenn" oder „wen"? Kennst du die Regel? Ergänze!

Das Wörtchen ________ ist eine Konjunktion und verbindet zwei Teilsätze miteinander. Meist steht es nach einem ________, manchmal auch am Satzanfang. Das Wörtchen ________ ist ein Fragepronomen und wird verwendet, wenn in einem Satz nach einer ________________ gefragt wird.

____/____P.

Aufgabe 3: a) Schreibe nun fünf eigene Sätze, in denen das Wörtchen „wenn" richtig verwendet wird. Es sollen zwei Fragesätze darunter sein.

____

____

____

____

____

____

____

____/____P.

KOHL VERLAG Lernzielkontrollen Deutsch / Klasse 4 – Bestell-Nr. 12 976

Test: „wen" oder „wenn"?

Name: ______________________

Aufgabe 3: *b)* *Schreibe nun fünf eigene Sätze, in denen das Wörtchen „wen" richtig verwendet wird. Es sollen zwei Fragesätze darunter sein.*

____

____

____

____

____

____

____

____/____P.

Punkte: ____/_____ Note: _______ Unterschrift der Eltern: ______________________

Lernzielkontrollen Deutsch / Klasse 4 – Bestell-Nr. 12 976
KOHL VERLAG Lernen mit Erfolg

Test: „den" oder „denn"?

Name: ______________________

Aufgabe 1: Setze in die folgenden Sätze „den" oder „denn" ein.

a) Frau Ölkuch mag ich sehr, _____ sie ist eine wirklich nette Lehrerin.

b) _____ Sack mit dem Stroh laden wir auf _____ Anhänger.

c) Hast du _____ süßen kleinen Kater von Sina schon gesehen?

d) Hast du _____ _____ neuen Ziegenbock von Felix schon gesehen?

e) Weißt du _____ eigentlich, wie glücklich ich in _____ Reitstunden bin?

f) Ich erkläre dir jetzt, wie man ein Pferd putzt, _____ das hast du gewiss noch nie gesehen.

g) Nein, hab ich nicht, _____ ich war noch nie in einem Pferdestall.

h) Warum warst du _____ noch in keinem Pferdestall?

i) Ich habe ein klein wenig Angst vor _____ Pferden.

j) Dann gehen wir erst mal zu Hella, _____ sie ist das brävste Pferd im Stall.

____/____P.

Aufgabe 2: Versuche nun mit eigenen Worten zu erklären, wann „den" und wann „denn" verwendet wird.

____

____

____

____

____/____P.

Aufgabe 3: Schreibe nun drei eigene Sätze mit dem Wörtchen „denn".

____

____

____

____

____/____P.

Lernzielkontrollen Deutsch / Klasse 4 – Bestell-Nr. 12 976

Test: „Den" oder „denn"?

Name: ______________________

Aufgabe 4: *In diesem Text sind manchmal die Schreibweisen von „den" und „denn" durcheinandergeraten. Korrigiere sie mit Rot.*

Heute haben wir denn Stall von den Kaninchen frisch gemacht. In denn Wassernapf haben wir frisches Wasser eingefüllt, den er war ganz verschmutzt. Denn Futternapf hatten die Tiere umgeworfen, den sie hatten miteinander gestritten und waren wild herumgerannt. Den haben wir ebenfalls neu gefüllt, denn sie sollen ja frisches Futter haben. Denn Salat haben wir ausgetauscht, denn er war schon ganz verwelkt. Wir haben ein wenig mit denn Tieren geschimpft.

___/___P.

Punkte: ___/___ Note: ______ Unterschrift der Eltern: ______________

Test: Silbentrennendes h oder Dehnungs-h?

Name: ____________________

Aufgabe 1: *Unterstreiche in den folgenden Sätzen das silbentrennende -h- in Rot und das Dehnungs-h in Blau.*

a) *Ich sehe, die Bohnen sind schon reif.*

b) *Heute musst du deine Gummistiefel anziehen.*

c) *Beim Kinderfest wehen immer lauter bunte Fahnen im Wind.*

d) *Drehe dich mal um, da drüben kann man grad ein paar Rehe sehen.*

e) *Vorsicht, frisch gestrichen – bitte nicht anlehnen.*

f) *Weibliche Füchse nennt man Fähen.*

g) *Gehe in den Schatten, da ist es kühler.*

h) *Komm rein, du musst doch nicht im Regen rumstehen.*

i) *Wenn Menschen im Wald sind, fliehen die wilden Tiere.*

j) *Bei so schönem Wetter können wir den Rasen mähen.*

____/____P.

Aufgabe 2: Konjugiere die Wörter. Denke an das -h- in der Mitte.

a) *mähen:*

ich ________ *wir* ________

du ________ *ihr* ________

er/sie ________ *sie* ________

b) *ziehen:*

ich ________ *wir* ________

du ________ *ihr* ________

er/sie/es ________ *sie* ________

c) *krähen:*

ich ________ *wir* ________

du ________ *ihr* ________

er/sie/es ________ *sie* ________

d) *flehen:*

ich ________ *wir* ________

du ________ *ihr* ________

er/sie/es ________ *sie* ________

____/____P.

Aufgabe 3: Für die Wörter mit silbentrennendem -h- gilt eine andere Trennungsregel als für die die Wörter mit Dehnungs-h. Schreibe beide Trennungsregeln auf.

____

____

____

____/____P.

KOHL VERLAG Lernen mit Erfolg
Lernzielkontrollen Deutsch / Klasse 4 – Bestell-Nr. 12 976

Test: Silbentrennendes h oder Dehnungs-h?

Name: ______________________

Aufgabe 4: *Schreibe nun die folgenden Verben mit Trennstrich auf die Linien.*

blähen ____________	drehen ____________	mähen ____________
lohnen ____________	ziehen ____________	dehnen ____________
wehen ____________	mahnen ____________	zählen ____________
fehlen ____________	flehen ____________	gähnen ____________

___/___P.

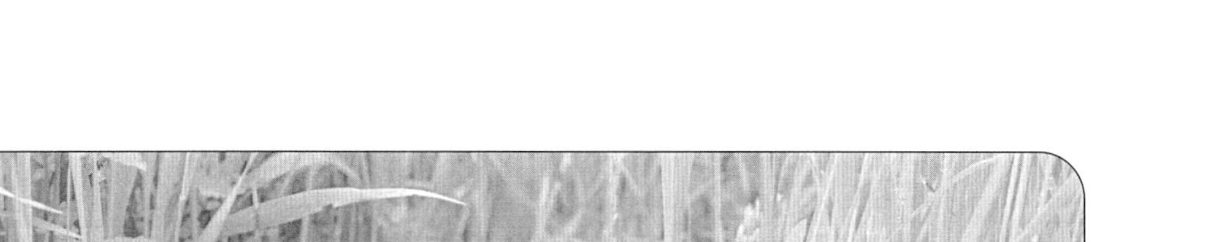

Punkte: ___/____ Note: ______ Unterschrift der Eltern: ______________

KOHL VERLAG Lernzielkontrollen Deutsch / Klasse 4 – Bestell-Nr. 12 976

Test: Substantivierung von Verben

Name: ______________________

Aufgabe 1: *Groß oder klein? Trage den richtigen Anfangsbuchstaben ein.*

a) *Morgen gehe ich mit meinem Onkel zum ____chwimmen (schwimmen).*

b) *Ich darf bald mit dem ____eiten anfangen (reiten).*

c) *Kannst du auch ____eiten (reiten)?*

d) *Mein Hund kann wunderbar ____ingen (singen), wenn ich ____löte (flöten).*

e) *Das solltest du mal ____ören (hören)!*

f) *Das ____ingen (singen) deines Hundes ist mehr ein ____aulen (jaulen), finde ich.*

g) *Mein Pony möchte beim ____pazierengehen (spazieren gehen) immer ____rasen (grasen).*

h) *Meine beiden Papageien können viele Wörter ____prechen (sprechen).*

i) *Beim ____prechen (sprechen) macht der eine Papagei immer eine Verbeugung.*

j) *Das ist ja wirklich zum ____achen (lachen).*

____/____P.

Aufgabe 2: Wann werden Verben großgeschrieben? Welche Wörter müssen dabeistehen? Erkläre!

____

____

____

____

____/____P.

Aufgabe 3: Schreibe vier eigene Sätze auf, in denen die Verben großgeschrieben werden.

____

____

____

____

____/____P.

Lernzielkontrollen Deutsch / Klasse 4 – Bestell-Nr. 12 976

Test: Substantivierung von Verben

Name: ____________________

Aufgabe 4: *Fülle den Lückentext aus. Entscheide, ob die Verben groß- oder kleingeschrieben werden*

Beim ____________ (kochen) darf man nicht reden, sonst ______________ (brennen) was an. Meiner Mutter ist neulich der Sonntagsbraten beim Telefonieren angebrannt, das _________ (sein) ärgerlich. Hast du gewusst, dass man vom _______________ (trinken) gekühlter Getränke einen kalten Bauch ______________ (bekommen)? Außerdem musst du die Hand vor den Mund ____________ (halten), wenn du beim ____________ (kauen) ___________ (reden). Kindern __________ (ziehen) man zum _____________ (essen) ein Lätzchen an.

___/___P.

Punkte: ___/____ Note: ______ Unterschrift der Eltern: ____________________

KOHL VERLAG Lernzielkontrollen Deutsch / Klasse 4 – Bestell-Nr. 12 976

Test: Ä/ä oder E/e?

Name: ______________________

Aufgabe 1: *Ä/ä oder E/e? Fülle den Lückentext aus.*

Heute f___hrt Julians Papa gesch___ftlich nach Groß-Ermeringen und Julian darf mit. Die Straße führt an Getreidef___ldern vorbei, die voller ___hren sind und ganz golden gl___nzen. „Ist das schön!", ruft Julian fröhlich aus. Am Himmel treiben weiße Sch___fchenwolken dahin und im Hintergrund sieht man nun verm___hrt Bäume, die alle s___hr saftig grün auss___hen. „Wie im M___rchen, nicht wahr?", antwortet Julians Papa. „Und schau, da hinten grasen sogar ein paar Pf___rde. Wir haben Glück, dass das W___tter so schön ist. Es wird heute kaum r___gnen." Und solange sie noch reden, taucht eine große Weide mit Kühen auf, auf der auch viele kleine K___lbchen munter herumspringen. „Das muss ich morgen unbedingt Frau Ölkuch erz___hlen", ruft Julian aus. „Das ist eine L___hrerin mit einem H___rz für Tiere. Es würde ihr gefallen." Ein Schw___rlaster unterbricht ihn. Er hat lauter rote und blaue Gasflaschen geladen und sieht s___hr gef___rlich aus. „Mannomann", sagt Julians Papa, „wenn der umf___llt, dann ist was los."

___/___P.

Aufgabe 2: Wie kann man herausfinden, ob ein Wort mit -e- oder mit -ä- (E oder Ä) geschrieben wird? Erkläre!

____

____

____

____

____

___/___P.

Test: Ä/ä oder E/e?

Name: ______________________

<u>Aufgabe 3</u>: Schreibe aus dem Lückentext von S. 22 nun alle Ä/ä-Wörter heraus und suche zu ihnen das verwandte Ursprungswort. Achtung: Zwei der Wörter haben kein solches Ursprungswort.

______________________ ______________________

______________________ ______________________

______________________ ______________________

______________________ ______________________

______________________ ______________________

______________________ ______________________

______________________ ______________________

______________________ ______________________

___/___P.

Punkte: ___/___ Note: _____ Unterschrift der Eltern: ______________

Test: Wörter mit Ä/ä und Äu/äu ableiten

Name: ____________________

Aufgabe 1: *Suche ein verwandtes Wort mit ä! (Es kann eine andere Wortart, eine andere Personalform, eine Mehrzahl- oder Verkleinerungsform sein.)*

die Fahne – ____________	*die Bahn* – ____________
fahren – ____________	*die Nase* – ____________
der Nagel – ____________	*klar* – ____________
das Gras – ____________	*der Kahn* – ____________
der Spaß – ____________	*das Fass* – ____________
der Hase – ____________	*die Gefahr* – ____________
der Tag – ____________	*der Laden* – ____________
die Kraft – ____________	*die Macht* – ____________

___/___P.

Aufgabe 2: Nun weißt du auch, warum diese Ableitungen mit -ä- geschrieben werden. Schreibe deine Erkenntnis auf!

____

____

____

___/___P.

Aufgabe 3: Suche nun zu diesen Wörtern ein verwandtes Wort mit -äu-! (Es darf eine Mehrzahlform, eine Verkleinerungsform, eine andere Wortart oder eine andere Personalform sein.)

ein Haus – ____________	eine Maus – ____________
verkaufen – ____________	gebrauchen – ____________
ein Strauß – ____________	ein Graus – ____________
blau – ____________	braun – ____________
ein Baum – ____________	ein Strauch – ____________
bauen – ____________	mauern – ____________
eine Faust – ____________	ein Bauer – ____________

___/___P.

KOHL VERLAG Lernzielkontrollen Deutsch / Klasse 4 – Bestell-Nr. 12 976

Test: Wörter mit Ä/ä und Äu/äu ableiten

Name: ______________________

Aufgabe 4: Kannst du aus den Beispielen der Aufgabe 3 eine Regel ableiten, wann Wörter mit -äu- geschrieben werden müssen? Schreibe sie auf.

____

____

____

____

____

____

____

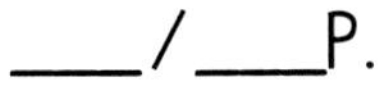

___/___P.

Punkte: ___/___ Note: ______ Unterschrift der Eltern: ______________________

Diktat: Dehnungs-h und silbentrennendes h

„Abends haben wir ein Reh gesehen"

Gestern Morgen sind wir – also Papa, Mama, Sina und ich – in aller Frühe in den Urlaub gefahren. Es ging in Richtung Gebirge. Wir mussten alle schon um vier Uhr morgens aufstehen und uns in aller Eile anziehen. Dann ging es raus zum Auto und wir Kinder wurden auf den Rücksitz befördert.

Wir waren noch keine zehn Kilometer gefahren, da wackelte bei Sina schon ein Zahn. „Soll ich ihn dir rausziehen?", habe ich gefragt, aber Sina hat angefangen zu schreien wie am Spieß. „Lass sie in Ruhe!", hat Mama mich ermahnt, „schau lieber mal aus dem Fenster, da drüben hat es lauter Hühner, siehst du die?" Sina hat sich dann wieder beruhigt und ich habe nicht mehr gedroht, ihr den Zahn zu ziehen. Es gab auch weitaus interessantere Sehenswürdigkeiten vor dem Fenster.

Einmal fuhren wir an einer Bahnstrecke entlang und sahen einen Güterzug mit lauter Treckern drauf. An einer anderen Stelle gab es schwarz-weiße Kühe und kurz vor Österreich sah man Holzhäuser mit sehenswert bepflanzten Balkonkästen. In einem Dorf lief ein Hahn auf der Dorfstraße entlang und in einem anderen eine ganze Kuhherde, die von einer Alm kam. Vielerorts waren die Bauern gerade beim Mähen, und weil so ein starker Wind wehte, war die Luft ganz staubig. Wir kamen auch mal an einem Weiher vorbei, auf dem ein alter hellblauer Kahn vor sich hin schaukelte. Und spätabends, als wir fast schon am Ziel waren, haben wir ein Reh gesehen.

(Silbentrennendes h einfach, Dehnungs-h fett unterstrichen)

Diktat: Substantivierte Verben

Die Rettung

Pauline und Jannik waren gerade beim Essen, als es an der Haustür Sturm klingelte. Ihre Eltern waren beim Arbeiten und daher nicht zu Hause. Jannik öffnete die Türe und Nikolai, ein Nachbarsjunge, stand davor. „Schnell!", keuchte er, „du musst mir helfen! Da drüben liegt eine Amsel auf dem Boden. Sie ist gegen die Scheibe im Wohnzimmer geknallt. Wir brauchen etwas zum Zudecken und etwas zum Reinlegen. Und dann noch etwas zum Festbinden auf dem Gepäckträger vom Rad. Wir müssen sie ja zum Tierarzt bringen. Sie ist vielleicht sogar tot. Dann brauchen wir noch was zum Bestatten. Eine Schuhschachtel vielleicht, oder so."

Nikolai war vom Reden ganz außer Atem. Die Worte waren nur so aus seinem Mund gesprudelt. Er riss den Mund auf, doch beim Luftholen flog ihm ein Käfer in den Mund. Auch das noch! Er hustete und spuckte ihn wieder aus und Pauline füllte ihm zum Nachspülen ein Glas mit Wasser. Beim Trinken verschluckte sich Nikolai dann auch noch und so rannten alle drei los, bevor noch mehr passieren konnte. Als sie an der Stelle ankamen, wo die Amsel liegen sollte, war der Platz leer. „Nanu", sagte Nikolai verwundert, „wo ist die denn jetzt hin? Hab sie doch grad vorhin noch gesehen, als ich zu euch rüber gerannt bin." Pauline keuchte noch vom Rennen. Als sie wieder reden konnte, sagte sie: „Such dir zum Veräppeln jemand anders. Ich habe Besseres zu tun." Dann drehte sie sich um und rannte zurück nach Hause. Nikolai blieb vor Staunen der Mund offen stehen.

(Substantivierte Verben samt Präpositionen fett unterstrichen)

Lernzielkontrollen Deutsch / Klasse 4 – Bestell-Nr. 12 976

Diktat: „das" und „dass"?

Glück gehabt

Felix war mit dem Fahrrad unterwegs. Als er an der Ampel halten musste, sah er, dass eine Entenfamilie vor ihm eine stark befahrene Straße überqueren wollte. Das Muttertier lief vorneweg, die Küken wackelten allesamt hinterher.

Als sie schon fast auf der anderen Seite angekommen waren, geschah es, dass ein Küken, das schon etwas größer war als die anderen, wieder umdrehte und zurücklaufen wollte. Felix befürchtete schon, dass nun alle Entlein umkehren und versuchen würden, das widerspenstige Küken zur Rückkehr zu überreden. Da warf er das Fahrrad, das er erst vor wenigen Tagen neu bekommen hatte, auf den Boden und lief auf die Straße, um das Tierchen fangen. Das Küken aber wich ihm nach rechts aus.

Ein Auto bog auf die Straße ein und Felix sah im Geiste schon vor sich, dass das Küken von diesem Auto überfahren werden würde. Schnell stellte er sich dem Auto in den Weg und breitete die Arme aus, um es aufzuhalten. Er hatte das Glück, dass das Fahrzeug – oder besser gesagt der Fahrer – noch rechtzeitig bremsen konnte. Der Fahrer ließ die Scheibe herunter und brüllte etwas, das nach einem sehr bösen Wort klang. So böse, dass Felix das Wort nicht in den Mund genommen hätte. Plötzlich aber erkannte der Fahrer, warum Felix ihn angehalten hatte. Er parkte blitzschnell das Auto am Straßenrand, schaltete das Warnblinklicht ein und sprang so schnell heraus, dass er fast auf die Straße gestürzt wäre. In dem Moment wollte das Küken zwischen Felix' Füßen hindurch flitzen und er konnte es schnappen und der Entenmutter zurückbringen. Dafür, dass er so tollkühn gewesen war, klopfte ihm nun der Autofahrer sogar noch anerkennend auf die Schulter.

(dass durchgehend unterstrichen, das gestrichen)

Diktat: z und tz

Wenn es draußen blitzt

Ida sitzt in ihrem Zimmer und putzt ihren Schreibtisch. Plötzlich hört sie ein lautes Donnern und gleich darauf blitzt es so hell auf, dass sie geblendet ist. Der Blitz ist sehr kurz, aber ganz furchtbar beängstigend.

Auch ihr Kaninchen Wurzel, das mit ihr im Zimmer wohnt, duckt sich. Ida wischt so lange über den Schreibtisch, bis er glänzt. Stolz schaut sie auf das Spiegelbild ihres Gesichts, das sie von unten anschaut, da blitzt es auch schon ein zweites Mal. Wurzel flitzt durch den Käfig und flüchtet sich in sein Häuschen. Draußen vor dem Fenster stürzt vor Schreck ein Spatz von einem Zweig.

Ein Windstoß fegt durchs Gehölz und die Blätter fangen wie wild an zu tanzen. Man hört Holz splittern und ein Zweig fällt zu Boden. Ein Stofffetzen fliegt am Fenster vorbei und beim nächsten Donnerschlag flüchtet eine Katze wie gehetzt unter einen dichten Busch. Zitternd bleibt sie dort sitzen, streckt aber trotzdem immer wieder neugierig ihre Nase aus dem Gebüsch.

Trotzig wischt Ida weiter an ihrem Schreibtisch herum. Gerade so, als könne sie mit ihrem Putzlappen Blitz und Donner vertreiben.

(tz-Wörter durchgehend unterstrichen, z-Wörter gestrichelt)

Lernzielkontrollen Deutsch / Klasse 4 – Bestell-Nr. 12 976

Diktat: Doppelkonsonanten

Das Karussell

Juri und Helena sind auf dem Volksfest. Juri will Kettenkarussell fahren, aber Helena möchte lieber auf die Schiffschaukel. Das Kettenkarussell dreht sich unglaublich schnell, die Menschen krallen sich an den Haltestangen fest und brüllen wie am Spieß. Auf einmal gibt es einen lauten Knall. Juri glaubt, es wäre jemand aus dem Karussell gefallen, aber zum Glück stimmt das nicht. Der Knall kommt von der Schießbude. Ein junger Mann hat seiner Freundin eine rote Rose geschossen. Stolz hält er sie ihr unter die Nase. Sie gibt ihm einen Kuss und beide lachen.

Vor dem Kassenhäuschen der Schiffschaukel hat sich eine Schlange gebildet. Das Geld klappert im Kässchen und wer gezahlt hat, bekommt einen Chip aus Plastik. Den muss man beim Einsteigen wieder abgeben.

Juri und Helena steigen ein und schnallen sich an. Beim Einsteigen fällt Juris' Geldbeutel unter den Sitz. Er sucht ihn, aber das Schiff beginnt sich schon zu bewegen und er muss die Suche abbrechen. Das Schiff schwingt höher und höher in den Himmel hinauf. Helena krallt sich an Juri fest und brüllt nun ebenfalls. Auf einmal heult ein junges Mädchen auf der anderen Seite des Schiffes laut auf. Juris Geldbeutel ist ihr von ganz oben auf den Kopf gefallen.

Diktat: ss, s und ß am Wortende

Manchmal werden Füße nass

Eugen und Waldemar sitzen am Fluss und haben Spaß miteinander. Sie werfen Blätter ins Wasser und schauen hinterher. „Wie ein Floß", sagt Waldemar. „Oder wie ein Bus", meint Eugen. Aber Waldemar meint, dass ein Bus doch nicht den Fluss hinab schwimme. Er wirft zur Abwechslung mal eine Nuss ins Wasser. Sie ist schwerer als die Blätter und hüpft ganz lustig auf und ab. „Ich habe einen Gruß darauf geschrieben", erklärt Waldemar. „An die Oma. Ich weiß nicht, ob er ankommt. Russland ist so groß."

Eugen rupft Gras aus, aber das will nicht so recht im Wasser schwimmen. Es geht unter und ist gleich nicht mehr zu sehen. „Ein Fass müsste man haben", sagt er. „In einem Fass könnten wir bis zur Wolga fahren. Wir würden nicht mal nass werden."

Plötzlich sieht er etwas. Ein Gebiss liegt im Wasser, an einer Stelle, wo es auch nicht so tief ist. Vor Aufregung gibt er Waldemar einen kräftigen Stoß. Der fällt fast ins Wasser vor Schreck. Er kann sich gerade noch an einer Wurzel festhalten. Allerdings rutscht er ziemlich weit die Böschung hinunter und steht nun mit einem Fuß im Wasser. Er schreit wie am Spieß. „Was soll der Stuss?", ruft er empört. „Jetzt ist mein rechter Schuh und Socken ganz nass, du Esel." Eugen lacht. Er bricht sich einen Stock ab und angelt damit im Wasser nach dem Gebiss. Als er es in der Hand hält, sieht er, dass es einen Riss hat. Aus seinem Rucksack holt er ein Gurkenglas und legt es vorsichtig hinein. „Jetzt müssen wir die Räder schieben", meint Waldemar. Sonst wird das Ding in dem Glas zu Mus."

(Wörter mit -ß fett unterstreichen, Wörter mit -ss einfach unterstrichen, Wörter mit -s gepunktet unterstrichen)

Wörterdiktat: Wörter mit Ä/ä und E/e

1. vermehren – bewähren – belehren – ernähren – verehren
2. erwähnen – anlehnen – ersehnen – gähnen – ausdehnen
3. Mähne – Fähnchen – Dehnung – Lehne – Zähne
4. fehlen – zählen – verhehlen – wählen – befehlen
5. Kornähre – Ehrentag – Lehrer – Verkehr – Feuerwehr
6. spähen – sehen – wehen – aufblähen – krähen
7. Schneewehe – Fähe – Mähdrescher – Zehe – Ehe
8. erben – werben – färben – gerben – verderben
9. lässig – stressig – aufsässig – gehässig – ansässig
10. gefährlich – alljährlich – ehrlich – entbehrlich – mehrheitlich
11. stellen – bellen – fällen – quellen – anschwellen
12. mähen – flehen – gehen – stehen – nähen
13. abnehmen – zähmen – lähmen – flehen – teilnehmen

Wörterdiktat: Wörter mit ss/s/ß

1. aufspießen
2. abfließen
3. entblößen
4. abmessen
5. anmaßen
6. vermiesen
7. aufessen
8. genießen
9. schmusen
10. versüßen
11. wissen
12. lösen
13. lassen
14. fressen
15. spaßen
16. rasen

1. Spieß
2. Fluss
3. Blöße
4. Messgerät
5. Maßband
6. Miesepeter
7. Essbesteck
8. Genießer
9. Schmuser
10. Süßigkeit
11. Gewissen
12. Lösung
13. Gelassenheit
14. Fressnäpfchen
15. Spaß
16. Raser

1. spießig
2. flüssig
3. bloß
4. vermessen
5. maßlos
6. mies
7. essbar
8. genießerisch
9. verschmust
10. süß
11. gewiss
12. löslich
13. gelassen
14. verfressen
15. spaßig
16. rasend

Lernzielkontrollen Deutsch / Klasse 4 – Bestell-Nr. 12 976

Wörterdiktat: z und tz

1. witzig – winzig – putzig – ranzig – harzig – spritzig
2. Ranzen – Glatze – Latz – Katze – Schatz – Glanz
3. Blitz – Witz – Winzer – Winzling – Gekritzel – Spitze
4. Wanze – Tanz – Spatz – Fratze – Glanz – Tatze
5. Fetzen – Metzger – Herz – Brezel – Wetzstein – Schmerz
6. Filz – Pilz – Rumpelstilzchen – kitzeln – witzeln – Winzling
7. stutzen – putzen – grunzen – nutzen – duzen – verschmutzen
8. trotzig – klotzig – protzig – rotzig – großkotzig – motzig
9. sechzig – vierzig – zwanzig – achtzig – neunzig – fünfzig
10. Stütze – Münze – Kürze – Würze – Grütze – Mütze
11. ätzen – petzen – setzen – glänzen – hetzen – schwänzen
12. sitzen – blitzen – blinzeln – witzeln – flitzen – kitzeln
13. Lätzchen – Schätzchen – März – Plätzchen – Schwätzchen
14. purzeln – wurzeln – kürzen – stürzen – stützen – schützen

Wörterdiktat: k und ck

1. backen – danken – schwanken – hacken – knacken – packen
2. Fleck – Zecke – Deckel – Andenken – Lenker – Zweck
3. Rock – Block – Forke – Flocke – Onkel – Stock
4. wanken – erkranken – zwacken – flackern – schlackern – zanken
5. bocken – stocken – trocknen – auflockern – hocken
6. Dunkelheit – Gemunkel – Gurke – Schurke – Glucke – Klunker
7. Dreck – Stecken – Wecker – Geschenk – Gelenk – Werk
8. ducken – zucken – munkeln – ruckeln – verdunkeln – tunken
9. blinken – verdicken – winken – blicken – stinken – schminken
10. funkeln – zuckeln – drucksen – herumgurken – murksen – nuckeln
11. blank – schlank – dankbar – stark – markig – altbacken
12. meckern – zudecken – denken – schlecken – werkeln – blecken
13. wirken – wickeln – zwicken – klicken – sticken – winken
14. Verzückung – Glück – Stück – Dünkel – Pflücksalat – Krücke

Lernzielkontrollen Deutsch / Klasse 4 – Bestell-Nr. 12 976

Test: Wortarten – Nomen, Verben, Adjektive

Name: ______________________

Aufgabe 1: Erkennst du die Wortarten? Male Nomen rot, Verben blau und Adjektive grün an. Verbessere bei den Nomen den Anfangsbuchstaben.

soße brausen schreibtisch kaffee scharf
blumen will hübsch bunt schmetterling
wildschwein gefährlich besichtigen quadratisch glänzen
dose filmen stab bellen meerschweinchen

___/___P.

Aufgabe 2: Suche für die folgenden Verben ein passendes Nomen mit Begleiter.
Beispiel: kaufen – der Käufer

besitzen ______________ fliegen ______________
achten ______________ kämpfen ______________
sprechen ______________ stürmen ______________

___/___P.

Aufgabe 3: Bilde mit den folgenden Adjektiven einen kleinen Satz.
Beispiel: Ein wilder Vogel landete auf unserem Auto.

scharf: ______________________________
hübsch: ______________________________
bunt: ______________________________
gefährlich: ______________________________
quadratisch: ______________________________

___/___P.

Aufgabe 4: Bilde nun mit jeweils drei Nomen aus Aufgabe 1 einen lustigen Satz. Es müssen insgesamt drei Sätze mit insgesamt neun Nomen werden.

____

____

____

___/___P.

Punkte: ___/___ **Note:** ______ **Unterschrift der Eltern:** ______________________

KOHL VERLAG Lernzielkontrollen Deutsch / Klasse 4 – Bestell-Nr. 12 976

Test: Wortfamilien aus Nomen, Adjektiven, Verben

Name: ______________________

Aufgabe 1: *Welche Wörter gehören zur selben Familie? Male sie in der gleichen Farbe an.*

brauchen zaubern wundern gebräuchlich
malerisch Gefunkel Gebrauch Zauber
wundersam funkelnd Gemälde Wunder
funkeln malen zauberhaft

___/___P.

Aufgabe 2: Ordne nun die Wörter aus Aufgabe 1 in die Tabelle ein!

Nomen	Adjektive	Verben

___/___P.

Aufgabe 3: Woran merkt man es, dass Wörter zu einer gemeinsamen Wortfamilie gehören? Erkläre.

____

____

____

___/___P.

Aufgabe 4: a) Findest du noch mehr Wörter, die zur Wortfamilie „brauchen" gehören? Schreibe drei von ihnen auf!

____

b) Findest du noch weitere Wörter, die zur Wortfamilie „zaubern" gehören? Schreibe drei von ihnen auf!

____

___/___P.

Punkte: ___/___ Note: ______ Unterschrift der Eltern: ______________

Lernzielkontrollen Deutsch / Klasse 4 – Bestell-Nr. 12 976

Test: Wortarten – Nomen, Verben, Adjektive, Artikel

Name: ____________________

Aufgabe 1: Erkläre die Begriffe und schreibe jeweils die deutsche Übersetzung und zwei Wortbeispiele auf. Schreibe alles in den Lückentext hinein.

a) Nomen heißen auf Deutsch ______________ und bezeichnen Dinge, die man anfassen kann, und Dinge, die man nicht ______________ kann. Meist haben sie einen ______________ bei sich stehen. Meine Beispiele: ______________.

b) Verben heißen auf Deutsch ______________. Sie beschreiben das, was jemand ______________. Meine Beispiele: ______________ .

c) Adjektive heißen auf Deutsch ______________ und beschreiben, ______________ Dinge aussehen. Meine Beispiele: ______________ .

d) Artikel heißen auf Deutsch ______________ und stehen meisten bei einem ______________. Es gibt ______________ und ______________ Artikel. Es gibt diese Artikel: ______________ und ______________.

___/___P.

Aufgabe 2: Unterstreiche im folgenden Text alle Nomen (auch Eigennamen) rot, Verben grün, Adjektive blau und Artikel gelb. (Die Wörter der Vögel brauchst du nicht unterstreichen.)

Chipsi und Hannibal sind zwei bunte Papageien, die in einer schönen, großen Voliere neben der Garage von Miriams Opa leben. Sie lieben sich sehr und man darf sie nie voneinander trennen. In der Voliere befinden sich verschiedene hölzerne Sitzstangen, ein großer Spiegel, in dem sie sich anschauen können, eine Papageienschaukel, ein gelber Futternapf und ein blauer Wassernapf. Der Sand in der Voliere ist sehr fein und fast weiß. Oft liegen im Sand kleine blaue und gelbe Federchen, die manchmal herabfallen. Miriam holt alle Federn heraus und steckt sie in eine Tüte. Die Tüte ist schon fast voll. Wenn sie einen Brief schreibt, legt sie eine Feder hinein. Oder sie klebt die Federn auf Geschenke, die sie verpackt. Chipsi und Hannibal sind schon 30 und 45 Jahre alt. Für den Winter haben sie im Haus einen großen Käfig, damit sie sich nicht erkälten. Hannibal kann 25 Wörter sagen. Seine Lieblingswörter klingen so: „Hau-rrrrrrruck", „Dummkopf-zopf", „guuutten Morrrgen Mirrrriiiiiam" und „Äääääärrrdnüsse bittteschееееn". Chipsi kennt nur ein einziges Wort. Es heißt „Telllllefoooon". Ach so, ja: Eine Vogelbadewanne haben die beiden auch. Sie ist durchsichtig und gefüllt mit Wasser. Damit die beiden Vögel nicht alles vollspritzen können, besitzt die Badewanne ein Dach aus Plastik. Aber manchmal wird Miriam trotzdem nass.

___/___P.

Aufgabe 3: Sechs Verben beschreiben, was Miriam so macht. Schreibe sie in der Grundform auf.

______________ ______________

______________ ______________

______________ ______________

___/___P.

Punkte: ___/___ **Note:** ______ **Unterschrift der Eltern:** ______________

KOHL VERLAG Lernzielkontrollen Deutsch / Klasse 4 – Bestell-Nr. 12 976

Test: Nomen in der Einzahl und Mehrzahl

Name: ______________________

Aufgabe 1: *Hier sind Einzahl- und Mehrzahlformen der Nomen durcheinandergeraten. Korrigiere den Text, indem du falsche Formen durchstreichst und die richtigen darüber schreibst. Schaue beim Lesen genau hin.*

Montags geht Antonio immer zum Fußballspielen. Sein Trainer Guido ist ein junger Männer. Auf dem Fußballplätze gibt es zwei Tor und alle Linien, die man beim Spielen braucht. In der Umkleidekabinen stinkt es nach verschwitzten Schuh und nassen Kleidungsstück. Draußen im Freien ist die Luft besser. Manchmal ist Guidos Hündinnen Bella dabei. Sie kann sich oft nicht zurückhalten und rennt dem Bälle hinterher. Sie hat auch schon ein Tor geschossen. Wenn sie den Ball erwischt, kann es sein, dass sie reinbeißt. Einmal ging die Lüfte raus. Mit den anderen Mitspieler versteht sich Antonio gut. Sie sind alle verrückt nach Fußbällen.

___/___P.

Aufgabe 2: Kennst du die lateinischen Begriffe?

Für Einzahl sagt man auch ________________ und für Mehrzahl ________________.

___/___P.

Aufgabe 3: a) Schreibe zu diesen Wörtern die Mehrzahlformen auf. Achtung: Es gibt darunter auch Wörter ohne Mehrzahlform.

das Messer ________________	die Butter ________________
die Gabel ________________	der Bruch ________________
das Brett ________________	der Wecker ________________
die Tafel ________________	der Schnee ________________
der Schnabel ________________	das Futter ________________
die Schnur ________________	der Napf ________________

b) Schreibe zu diesen Wörtern die Einzahlform auf. Achtung: Es gibt auch ein Wort ohne Einzahlform darunter.

die Delfine ________________	die Jungen ________________
die Becken ________________	die Mädchen ________________
die Parks ________________	die Gebäude ________________
die Leute ________________	die Rinder ________________

___/___P.

Punkte: ___/___ Note: ______ Unterschrift der Eltern: ________________

KOHL VERLAG Lernen mit Erfolg
Lernzielkontrollen Deutsch / Klasse 4 – Bestell-Nr. 12 976

Test: Zeitformen des Verbs – Präsens und Präteritum, Teil I

Name: ____________________

Aufgabe 1: Kennst du dich aus? Fülle den kleinen Lückentext aus.

Präsens und Präteritum sind ________________ des Verbs. Die deutsche Bezeichnung für Präsens lautet ________________. Die deutsche Bezeichnung für Präteritum lautet ________________. Die Form des Präsens wird verwendet, wenn man von etwas erzählt, das ________________ ________________. Die Form des Präteritums verwendet man, wenn man von etwas erzählt, das ________________.

___/___P.

Aufgabe 2: Verbinde die zusammengehörenden Verbformen mit Linien.

ich besuche	ich kaufte	du wechselst	du stricktest
ich glaube	ich kochte	du flickst	du wechseltest
ich kaufe	ich hüpfte	du lachst	du packtest
ich hüpfe	ich besuchte	du strickst	du lachtest
ich koche	ich glaubte	du packst	du flicktest

___/___P.

Aufgabe 3: Verbinde auch hier zusammengehörende Verbformen mit Linien.

er schreibt	er rief	sie fährt	sie erschrak
er denkt	er warf	sie trinkt	sie lief
er ruft	er nahm	sie isst	sie trank
er wirft	er dachte	sie erschrickt	sie fuhr
er nimmt	er schrieb	sie läuft	sie aß

___/___P.

Aufgabe 4: Fällt dir zwischen den Verben aus Aufgabe 2 und den Verben aus Aufgabe 3 ein Unterschied auf? Erkläre, worin sie sich unterscheiden. Kannst du die zwei Arten von Verben benennen?

____

____

____

____

___/___P.

Punkte: ___/___ **Note:** ______ **Unterschrift der Eltern:** ________________

Lernzielkontrollen Deutsch / Klasse 4 – Bestell-Nr. 12 976

Test: Zeitformen des Verbs – Präsens und Präteritum, Teil II

Name: ______________________

Aufgabe 1: *Welche Formen sind falsch? Streiche sie durch. Schreibe sie dann verbessert mit den Personalpronomen auf die leeren Zeilen.*

er schreibte – sie kämpfte – wir fallten – sie glaubten – du springtest
ihr fahrtet – sie wählten – ich reißte – ich reiste – du nehmtest
sie trinkten – er fresste – sie schaute – er sehte – wir gehten
ihr brauchtet – sie waschte – er esste – es knabberte – du sehtest

____

____

____

___/___P.

Aufgabe 2: Setze den Text ins Präteritum. Schreibe die Verben in die Lücken.

Juri und Helena __________ (gehen) mit ihrer Klasse in einen Wildpark. Dort __________ (geben) es Wildschweine, Rehe, Waschbären und Damwild. Die Gehege __________ (sein) groß, sodass die Tiere gut herumrennen und spielen __________ (können). Ein Rehkitz __________ (zeigen) sich sehr zutraulich und __________ (kommen) gleich an den Zaun heran. Es __________ (stecken) seine Schnauze durchs Gitter und __________ (stoßen) gegen Juris Jackentasche. „Na du", __________ (meinen) Juri, „möchtest du mit mir nach Hause? Wir haben Platz im Garten." Da __________ (kommen) auch die anderen Rehe herbei und __________ (nachsehen), was da so interessant ______ (sein). Anders als das kleine Bambi __________ (haben) sie keine weißen Flecken mehr auf dem Rücken. „Die weißen Punkte dienen den Jungtieren zur Tarnung", __________ (erklären) die Lehrerin. Alle Schüler __________ (nicken) eifrig. Sie __________ (wissen) das schon. Das weiß ja jedes Kind.

___/___P.

Aufgabe 3: Kennst du zu diesen Präteritumformen die Grundform?

sie schnitt __________	er glitt __________
wir rannten __________	sie erkannte __________
er blies __________	ich stieß __________
es floss __________	wir hoben __________
es brannte __________	er strich __________

___/___P.

Punkte: ___/____ **Note:** ______ **Unterschrift der Eltern:** ________________

KOHL VERLAG Lernzielkontrollen Deutsch / Klasse 4 – Bestell-Nr. 12 976

Test: Zeitformen des Verbs – Perfekt

Name: ______________________

Aufgabe 1: Setze diese Verben ins Perfekt. Schreibe mit dem Personalpronomen auf.

a) wir schreiben ______________________

b) du glaubst ______________________

c) er schnuppert ______________________

d) sie frisst auf ______________________

e) es schleckt ______________________

f) sie springen ______________________

g) ihr füttert ______________________

h) er läuft ______________________

i) ich miste aus ______________________

j) du fährst hin ______________________

___/___P.

Aufgabe 2: Wie wird die Perfekt-Form gebildet? Erkläre. Beschreibe, welche zwei unterschiedlichen Arten es dabei gibt.

____

____

____

___/___P.

Aufgabe 3: Hier ist etwas durcheinandergeraten. Streiche falsche Formen durch und schreibe sie verbessert auf die Linien.

Papa hat scharf gebremst. – Emil hat schnell gerannt. – Oma ist gefallen. – Pia hat geweint. – Anton ist die Aufgabe gerechnet. – Valeria ist Geschirr gespült. – Tante Erika ist einen Brief geschrieben. – Juri ist Karussell gefahren. – Helena hat auf der Schiffschaukel gewesen. – Pipsi hat Körner gefressen. – Quietschi hat im Garten herumgerannt. – Savanna hat gebockt.

____

____

____

____

___/___P.

Punkte: ___/___ **Note:** ______ **Unterschrift der Eltern:** ______________________

Lernzielkontrollen Deutsch / Klasse 4 – Bestell-Nr. 12 976

Test: Zeitformen des Verbs – Futur

Name: ____________________

Aufgabe 1: a) *Wofür verwendet man die Futur-Form? Erkläre.*

____

b) *Wie bildet man die Futur-Form? Erkläre. Schreibe ein Beispiel auf.*

____

____

___/___P.

Aufgabe 2: Clara möchte erzählen, was sie in den Sommerferien tun wird. Verbessere, was sie falsch geschrieben hat. Streiche falsche Verbformen durch und schreibe den Text mit den richtigen Verben in der Futur-Form ab. Verwende ein Extrablatt.

In den Sommerferien werde ich zu meiner Großmutter nach Bayern fahren. Wir werden Bergwanderungen machen und auf einen Ponyhof gehen. Da putze ich Pferde. Ich reite natürlich auch und miste die Pferdeboxen aus. Wir werden auch mal ins Kino gehen. Und ein andermal besuchten wir in ein großes Freilichtmuseum. Auf jeden Fall werden wir auf dem Ammersee eine Schiffsfahrt machen. Wir kehren dann auch ein und haben Limonade getrunken und Kuchen gegessen. Das wird alles sehr schön werden.

___/___P.

Aufgabe 3: Sommerferienpläne: Setze ins Futur! Schreibe auf die Linien.

a) Daniel fliegt nach Amerika zu seiner Tante.

____

b) Sina reist nach Bayern zu ihrer Freundin.

____

c) Antonio düst nach Italien zu seiner Großmutter. Seine große Schwester begleitet ihn. ____

____

d) Tante Margot und Onkel Herbie fliegen nach Indien. Ihre Hündin Tipsi nehmen wir in Pflege. ____

____

e) Waldemar besucht seine Großeltern an der Wolga. Er nimmt den Zug.

____

f) Felix macht einen Surfkurs am Bodensee. Da schläft er nachts in einem Zelt.

____

___/___P.

Punkte: ___/____ Note: ______ Unterschrift der Eltern: ____________________

Lernzielkontrollen Deutsch / Klasse 4 – Bestell-Nr. 12 976
KOHL VERLAG Lernen mit Erfolg

Test: Vorsilben ver-, vor-, nach-, ent- und be- bei Verben

Name: ______________________

Aufgabe 1: Welche Wörter lassen sich aus den Verben mit den Vorsilben ver-, vor-, nach-, be- und ent- bilden? (Achtung: Manchmal sind es nur wenige!)

a) täuschen: ______________________

b) sprechen: ______________________

c) bauen: ______________________

d) malen: ______________________

e) schreiben: ______________________

f) rechnen: ______________________

g) treten: ______________________

h) spielen: ______________________

i) laufen: ______________________

j) fahren: ______________________

___/___P.

Aufgabe 2: Suche dir von Nr. 1a) bis 1j) jeweils ein Wort mit Vorsilbe aus und bilde damit einen sinnvollen Satz. Die Verben sollen dabei in der Er-Form verwendet werden.

____

____

____

____

____

____

____

___/___P.

Aufgabe 3: Welche der folgenden Verben existieren nicht? Streiche durch!

vorkleben – entschreiben – entsprechen – vorsingen – versingen – bekleben – beschreiben – entkleben – verkleben – entsingen – nachleuchten – beleuchten – verliegen – vorliegen – entleuchten – nachsprechen – nachkleben – versprechen – beklauen – verklauen – bekaufen – vorkaufen – verkaufen – nachtragen

___/___P.

Punkte: ___/___ **Note:** ______ **Unterschrift der Eltern:** ______________________

Lernzielkontrollen Deutsch / Klasse 4 – Bestell-Nr. 12 976

Test: Vorsilben ein-, aus-, auf- und ab-

Name: ____________________

Aufgabe 1: a) *Was passt zusammen? Kombiniere die Verben mit den Vorsilben „ein-" oder „aus-". Schreibe die gefundenen Zusammensetzungen auf die Linien. Vielleicht passt auch beides? Oder gar nichts?*

kaufen – rauben – putzen – wischen – laden – mischen – tragen – holen – kleben – tauchen – kämmen – bürsten – fegen – brechen – rechnen – malen – suchen

____

____

____

____

____

b) *Schreibe jetzt vier Sätze mit den Verben von a). In zweien sollte Verben mit Vorsilbe „ein-" und in zweien Verben mit Vorsilbe „aus-" vorkommen. Diese Sätze sollen in der Ich-Form geschrieben sein.*

____

____

____

____

____/____P.

Aufgabe 2: a) Welche der unten stehenden Verben mit Vorsilbe „auf-" oder Vorsilbe „ab-" gibt es nicht? Streiche sie durch!

auftauchen – abmühen – aufsteigen – abschreien – aufschreien – abbrechen – aufstehlen – abstehen – auffragen – abfragen – auftragen – aufessen – abblähen – aufjaulen – abstehlen – abhören – aufhören – abjaulen – aufbellen – aufschreien – abschreien – aufmachen – auflösen

b) Schreibe nun jeweils einen Beispielsatz mit beiden Arten von Verben aus Aufgabe 2a). Die Verben sollten in der Du-Form vorkommen.

____

____

c) Was fällt bei der Verwendung der Verben im Satz auf? Beschreibe!

____

____/____P.

Punkte: ____/____ Note: ______ Unterschrift der Eltern: ____________________

Lernzielkontrollen Deutsch / Klasse 4 – Bestell-Nr. 12 976

Test: Nachsilben -heit, -keit, -ung und -nis

Name: ____________________

Aufgabe 1: Was passt wo? Mache aus den Adjektiven Nomen, indem du eine der Nachsilben „-heit" „-keit" oder „-nis" anhängst.

dunkel ____________ dankbar ____________

geheim ____________ schön ____________

bestimmt ____________ schwierig ____________

einsam ____________ gesund ____________

sauber ____________ wild ____________

finster ____________ blind ____________

betrübt ____________ feierlich ____________

___/___P.

Aufgabe 2: Was passt? Mache aus den Verben Nomen, indem du „-nis" oder „-ung" anhängst.

bestimmen ____________ schreiben ____________

rechnen ____________ färben ____________

hindern ____________ erlauben ____________

erkennen ____________ wagen ____________

verdummen ____________ beleuchten ____________

behaupten ____________ wahrnehmen ____________

verderben ____________ verloben ____________

___/___P.

Aufgabe 3: Schreibe eigene Sätze mit den Nomen aus Aufgabe 2. Verwende zweimal Nomen mit der Endung „-nis", zweimal Nomen mit der Endung „-ung".

____

____

____

____

___/___P.

Aufgabe 4: Welche dieser Nomen gibt es nicht? Streiche durch!

Behauptnis – Betrübnis – Bekanntheit – Beschreibnis – Verderbung – Hinderkeit – Rechenkeit – Beliebtung – Verkündung – Besichtigkeit – Berechtigtheit – Gescheitnis – Beliebigkeit – Besonderheit – Verliebtkeit – Dummnis – Lächerlichheit – Erhebung – Vertiefung – Klugnis

___/___P.

Punkte: ___/___ **Note**: ______ **Unterschrift der Eltern**: ____________

Test: Adjektive steigern

Name: ____________________

Aufgabe 1: a) *Adjektive kann man steigern. Wie heißen die drei Formen? Schreibe ihre Bezeichnungen auf!*

____

____

b) *Schreibe nun zwei Beispiel-Adjektive in allen drei Formen auf.*

____

____

___/___P.

Aufgabe 2: Steigere die Adjektive! Fülle dazu die Lücken aus.

a)	dick	dicker	
b)	schön		am schönsten
c)	nett		
d)	gut		
e)		frecher	
f)	interessant		
g)	lieb		am liebsten
h)			am gesündesten

___/___P.

Aufgabe 3: Fülle den Lückentext aus. Gesucht sind Steigerungsformen.

Django und Bimbo sind zwei sehr unterschiedliche Clowns im Zirkus Torelli. Django ist ________________ (groß) als der kleine Bimbo, aber dafür ist Bimbo viel ________________ (schlau) als Django. Wenn sie in der Manege herumturnen, zeigt sich, dass Django ________________ (beweglich) ist als Bimbo. Aber Bimbo ist ________________ (lustig) als Django. Aber so richtig toll wird die Show erst, wenn dann noch Valdo dazukommt. Valdo ist von allen dreien ________________ (gut). Er ist ________________ (stark) und vor allem ________________ (witzig) von allen dreien. Er ist tatsächlich auch viel ________________ (klug) als Bimbo. Wenn nun alle drei in der Manege herumturnen, zeigt sich, dass Valdo ________________ (sportlich) von allen dreien ist. Ja, was wäre die Zirkusnummer ohne Valdo!!! Valdo ist einfach der Knaller. Ich weiß nicht: Soll ich euch verraten, dass Valdo ein Schimpanse ist?

___/___P.

Punkte: ___/____ Note: ______ Unterschrift der Eltern: ____________________

Lernzielkontrollen Deutsch / Klasse 4 – Bestell-Nr. 12 976

Test: Fälle beim Nomen – Grundlagen

Name: ______________________

Aufgabe 1: Welche vier Fälle gibt es bei der Verwendung von Nomen? Schreibe die noch fehlenden Bezeichnungen auf Deutsch in die Tabelle.

Lateinische Bezeichnung	Deutsche Bezeichnung
Nominativ	
Dativ	
Genitiv	
Akkusativ	

____/____P.

Aufgabe 2: Wie verändern sich die Nomen und ihre Artikel?

Nominativ	Dativ	Genitiv	Akkusativ
der Ziegenbock			
eine Kuh			
das Pferd			
ein Alligator			
die Eidechse			
ein Kaninchen			
ein Hahn			
die Spitzmaus			
das Krokodil			

____/____P.

Punkte: ____/_____ Note: _______ Unterschrift der Eltern: ____________________

KOHL VERLAG Lernzielkontrollen Deutsch / Klasse 4 – Bestell-Nr. 12 976

Test: Fälle beim Nomen – Anwendungen

Name: ______________________

Aufgabe 1: a) *Setze die Nomen in den richtigen Fällen in den Lückentext ein. Achte auf die Großschreibung bei Lückenwörtern, die am Satzanfang stehen.*

Georgios betreut in den Ferien für seinen Nachbarn ______________ (das Haus) und ______________ (die Tiere). Als Erstes muss ______________ (der Junge) ______________ (der Briefkasten) leeren. Dann muss er ______________ (der Kater) und ______________ (der Wellensittich) füttern und gibt ______________ (der Hase) frisches Heu und Wasser. Außerdem muss er ______________ (der Katzenkot) und ______________ (das Pipi) aus dem Katzenklo schaufeln.
Er gießt dann auch noch gleich die Blumen: ______________ (der Gummibaum) im Wohnzimmer, ______________ (das Alpenveilchen) in der Küche, ______________ (die Grünlilie) im Flur und ______________ (der Blumenstock) im Schlafzimmer, ______________ (der Name) er vergessen hat.
Zum Schluss muss er noch ______________ (die Schildkröte) ein bisschen Obst und Gemüse klein schneiden und ______________ (der Nachbar) mitteilen, ob sie sich bewegt hat.
Alle drei Tage muss er auch das Gehege ______________ (der Hase) sauber machen. ______________ (der Nachbar) möchte ______________ (der Junge) dafür ______________ (ein Ausflug) auf die Insel Helgoland bezahlen. Darauf freut sich Georgios schon sehr.

b) *Male nun die eingesetzten Nomen im Lückentext in folgenden Farben an: Nomen im Nominativ: rot, Nomen im Akkusativ: blau, Nomen im Dativ: grün, Nomen im Genitiv: gelb.*

___/___P.

Aufgabe 2: Frage nach den unterstrichenen Nomen mit dem richtigen Fragewort und benenne in Klammer dahinter den Fall. Manchmal brauchst du zwei Fragen.

a) Felix bringt <u>der Vermieterin</u> <u>ein frisches Brot</u> mit.

____

b) Miriam füttert <u>die Papageien Chipsi und Hannibal</u>.

____

c) <u>Waldemar</u> schreibt <u>der Großmutter</u>.

____

d) <u>Nikolai</u> bringt <u>dem Tierarzt</u> eine verletzte Amsel.

____

___/___P.

Punkte: ___/___ Note: ______ Unterschrift der Eltern: ______________

KOHL VERLAG Lernzielkontrollen Deutsch / Klasse 4 – Bestell-Nr. 12 976

Test: Satzglieder – Subjekt, Prädikat, Akkusativobjekt

Name: ______________________

Aufgabe 1: Kennst du dich aus? Fülle den kleinen Lückentext aus.

Subjekt, Prädikat und Objekt sind ________________. So bezeichnet man die unterschiedlichen Teile eines ______________. Meistens bestehen sie aus ________________ Wörtern, nicht nur einem. Das Subjekt sagt uns, ________ etwas tut. Meist enthält es ein Pronomen oder ein ________________. Das ________________ erzählt uns etwas darüber, was getan wird.

___/___P.

Aufgabe 2: a) Unterstreiche in den folgenden Sätzen das Subjekt rot, das Prädikat blau und das Akkusativobjekt grün. Achtung: Manchmal gibt es auch nur zwei Satzteile.

Tante Marianne hat mir eine Vogeltränke geschenkt.
Chipsi zwickt Hannibal mit seinem Schnabel.
Ida fährt ihr Kaninchen Wurzel im Kinderwagen spazieren.
Georgios hat soeben die Schildkröte beobachtet.
Valeria weint laut.
Gonzo bringt voll Freude seinen neuen Ball.
Chipper bellt ohrbetäubend.

b) Wähle in jedem der Sätze einen Satzteil aus, kreise ihn ein und schreibe die passende Frage dazu auf.

____

____

____

____

___/___P.

Aufgabe 3: Schreibe nun vier eigene Sätze. Sie müssen jeweils ein Subjekt, Prädikat und Objekt enthalten.

____

____

____

____

___/___P.

Punkte: ___/____ Note: _______ Unterschrift der Eltern: ________________

KOHL VERLAG Lernzielkontrollen Deutsch / Klasse 4 – Bestell-Nr. 12 976

Test: Satzglieder – Akkusativobjekt und Dativobjekt

Name: ____________________

Aufgabe 1: a) *Wie lautet das Fragewort, mit dem man nach dem Akkusativobjekt fragt?*

____

b) *Wie lautet das Fragewort, mit welchem man nach einem Dativobjekt fragt?*

____

___/___P.

Aufgabe 2: Bilde Sätze mit den folgenden Satzbausteinen. Jeder Satz sollte ein Akkusativ- und ein Dativobjekt enthalten. Unterstreiche in den Sätzen das Akkusativobjekt mit einer Linie und das Dativobjekt gewellt.

a) meine Freundin – mir – ihr altes Fahrrad – schenken

____

b) ein guter Hirte – die Klauen – seine Schafe – schneiden können

____

c) unterm Haselbusch – meine Oma – versteckt – meine Ostereier – mir

____

d) der Zahnarzt – Sina – ziehen – ein Zahn

____

e) unser Sportlehrer – uns – holen – eine Matte

____

f) Chipper – seinen Ball – Christian – bringen

____

g) Jannik – wegnehmen – den Knochen – Gonzo

____

___/___P.

Aufgabe 3: Frage nach dem Akkusativobjekt und dem Dativobjekt der Sätze 2a), 2c), 2e), 2g). Es müssen sich also 8 Fragen ergeben.

____

____

____

____

____

____

____

____

___/___P.

Punkte: ___/___ Note: _______ Unterschrift der Eltern: ____________________

KOHL VERLAG Lernzielkontrollen Deutsch / Klasse 4 – Bestell-Nr. 12 976

Test: Wörtliche Rede – Grundlagen

Name: ______________________

Aufgabe 1: Kennst du dich mit der wörtlichen Rede aus? Ergänze den Lückentext.

Mithilfe der wörtlichen Rede wird in einem Text das dargestellt, was ____________ wird. Dabei steht das Gesprochene zwischen ______________________ unten und ______________________ oben. Meist folgt auf das Gesprochene noch ein ______________________. Dieser kann jedoch auch vor dem Gesprochenen oder zwischen zwei Teilen davon stehen.

___/___P.

Aufgabe 2: Unterstreiche in diesen Sätzen die wörtliche Rede rot und den Begleitsatz blau. Kreise die Satzzeichen ein, die zur wörtlichen Rede gehören.

a) Florian jammert: „Schon wieder ausmisten. Ich hasse diese Arbeit so!"

b) „Und ich liebe es zu misten", antwortet Sina begeistert.

c) „Was machen eigentlich", fragt Winnie neugierig, „eure Schafe? Immer noch so verfressen?"

d) „Ich glaube", antwortet Florian, „sie gewöhnen sich nun so langsam an das frische Grün."

e) Waldemar erklärt: „Unsere Schafe bei meiner Oma sind das ganze Jahr auf der Weide. Die kennen keinen Stall."

f) „Blöder Zweibeiner! Soll er doch selber mal in so einem Gestank sitzen. Vielleicht mistet er dann lieber!", brummt Flöckchen.

___/___P.

Aufgabe 3: Setze die Redezeichen in die Sätze ein und unterstreiche den Redebegleitsatz.

a) Frau Ölkuch ordnet an Ihr nehmt jetzt eure Lesebücher raus und arbeitet was.

b) Herr Seltmann erklärt Morgen fahren wir in einen Freizeitpark. Nehmt bitte alle ein Vesper und Regenkleider mit.

c) Jule hat gestern was Tolles erlebt ruft Nikolai dazwischen.

d) Na, dann raus mit der Sprache meint Frau Ölkuch.

e) Ich weiß gar nicht meint Jule wo ich anfangen soll. Es war alles so aufregend und ich bin noch ganz durcheinander.

f) Jetzt antwortet Frau Ölkuch sind wir natürlich erst recht gespannt. Komm, spann uns nicht auf die Folter!

___/___P.

Punkte: ___/___ **Note:** ______ **Unterschrift der Eltern:** ______________________

Lernzielkontrollen Deutsch / Klasse 4 – Bestell-Nr. 12 976

Test: Wörtliche Rede – Anwendungen

Name: ______________________

Aufgabe 1: *Hier ist die Zeichensetzung durcheinandergeraten. Korrigiere die Sätze, indem du sie noch einmal richtig aufschreibst.*

a) „Jule fragt Jasmin": Kommst du auch zu Savannas Geburtstagsfeier? Sie findet im Stall statt.

____

b) „In einem Stall war ich noch nie, erklärt Jasmin".

____

c) „Na meint" Jule dann wird es aber Zeit. „Es gibt ja nichts Schöneres"!

____

d) Helena will: wissen „Bekommt Savanna eigentlich auch ein Geburtstagsgeschenk"?

____

e) "Ja, klar doch!" Mama hat ihr doch extra eine Heu-Torte gebacken!, ruft Jule aus.

____

___/___P.

Aufgabe 2: Juri erzählt Felix von den Ferien. Mache aus den Stichwörtern Sätze in wörtlicher Rede mit richtigen Redezeichen und Begleitsätzen. Versuche, unterschiedliche Begleitsätze zu verfassen. Schreibe auf die Linien.

Juri berichtet, dass er

- Sommerbobbahn gefahren ist
- bei seinem Freund Emilio übernachtet hat
- seine Oma in Hannover besucht hat

____

____

____

___/___P.

Aufgabe 3: Verfasse nun drei eigene Sätze in wörtlicher Rede mit unterschiedlichen Begleitsätzen, von denen je einer vor, einer hinter und einer zwischen Redeteilen steht.

____

____

____

____

____

____

___/___P.

Punkte: ___/____ Note: ______ Unterschrift der Eltern: ______________

Test: Sprichwörter und Redewendungen

Name: ______________________

Aufgabe 1: Setze die Sprichwörter richtig zusammen! Verbinde mit Linien.

Der frühe Vogel	muss fühlen.
Morgenstund hat	die Taube auf dem Dach.
Schuster, bleib bei	was glänzt.
Wer nicht hören will,	fängt den Wurm.
Auch ein blindes Huhn	Schmied.
Er sieht den Wald	Gold im Mund.
Das schlägt dem Fass	deinen Leisten.
Es ist nicht alles Gold,	findet mal ein Korn.
Jeder ist seines Glückes	den Boden aus.
Lieber den Spatz in der Hand als	vor lauter Bäumen nicht.

___/___P.

Aufgabe 2: Suche dir drei Sprichwörter von Nr. 1 aus und erkläre, was sie bedeuten.

____

____

____

____

____

___/___P.

Aufgabe 3: Wie könnte man den Unterschied zwischen einem Sprichwort und einer Redewendung erklären?

____

____

____

___/___P.

Aufgabe 4: Bei diesen Redewendungen stimmt was nicht. Streiche Falsches durch und schreibe das richtige Wort auf die Linien.

a) Jemandem ein Fahrrad aufbinden ______________________

b) Jemandem etwas in die Jacke schieben ______________________

c) Jemanden übers Maul hauen ______________________

d) Jemandem auf der Frisur herumtanzen ______________________

e) Mit Kanonen auf Bienen schießen ______________________

f) Nur Schulhof verstehen ______________________

g) Sich freuen wie ein Regenkönig ______________________

___/___P.

Punkte: ___/___ Note: ______ Unterschrift der Eltern: ______________________

Lernzielkontrollen Deutsch / Klasse 4 – Bestell-Nr. 12 976

Aufsatz: Erzählung überarbeiten – Im Urzeitmuseum

Name: ______________________

Aufgabe 1a: Lies den Text durch.

Im Urzeitmuseum

Am Wochenende war ich mit meinen Eltern im Urzeitmuseum. Dort gab es viele Glaskästen mit Knochen und so Zeug. Da stand überall dabei, was es ist, z. B. Messer aus Feuersteinen oder Nadeln aus Knochen und so.
Dort gab es an der Kasse auch Bücher zu kaufen. Da habe ich mir ein Buch ausgesucht. Es heißt so ähnlich wie Alexandertaler oder so. Es gab auch eine Malecke. Da habe ich ein Mammut gemalt. Eine Frau hat gefragt, ob ich einen Film sehen will. Da hat sie mir einen Film angeschaltet. Dort sah man, wie mit einer Knochennadel irgendwas genäht wurde. Da waren lauter Frauen abgebildet. Dann kam ein Säbelzahntiger. Da rannten alle Frauen auseinander und schrien. Da kamen die Männer und erschossen den Säbelzahntiger. Dann war der Film aus.

___/___P.

Aufgabe 1b: Markiere Stellen im Text, die dir nicht gefallen. Nenne hier die Gründe dafür.

___/___P.

Aufgabe 2: Schreibe den Text mit deinen eigenen Überarbeitungen hier auf. Denke an die sprachlichen Dinge, welche einen Text interessant machen.

___/___P.

Punkte: ___/____ Note: ______ Unterschrift der Eltern: ____________________

KOHL VERLAG Lernzielkontrollen Deutsch / Klasse 4 – Bestell-Nr. 12 976

Name: ____________________

Aufgabe 1a: *Lies den Text durch.*

Die Amsel

Letzte Woche ist etwas Doofes passiert. Eine Amsel ist bei uns gegen die Terrassentür geknallt. Dann fiel sie auf den Boden. Dann lag sie da. Da habe ich überlegt, was ich machen soll. Dann bin ich rüber gerannt zu Pauline und Jannik. Da waren die grad beim Essen. Ich hab ihnen erzählt, was passiert ist. Ich habe ihnen gesagt, dass wir was zum Zudecken brauchen und was zum Reinlegen. Und was zum Festbinden auf dem Gepäckträger, wenn wir zum Tierarzt fahren. Und wenn sie schon gestorben ist, was zum Bestatten. Auf einmal ist mir ein Käfer in den Mund geflogen und ich musste husten. Pauline hat mir was zu trinken gegeben. Da hab ich mich verschluckt und musste noch mehr husten. Dann sind wir schnell rüber, bevor noch mehr passiert. Da war die Amsel nicht mehr da. Dann war Pauline eingeschnappt und ist davongelaufen. Komisch. Da muss man doch nicht gleich beleidigt sein.

___/___P.

Aufgabe 1b: Markiere Stellen im Text, die dir nicht gefallen. Nenne hier die Gründe dafür.

___/___P.

Aufgabe 2: Schreibe den Text mit deinen eigenen Überarbeitungen hier auf. Denke an die sprachlichen Dinge, welche einen Text interessant machen.

___/___P.

Punkte: ___/___ **Note:** _____ **Unterschrift der Eltern:** ____________

Lernzielkontrollen Deutsch / Klasse 4 – Bestell-Nr. 12 976

Aufsatz: Beschreibung – Falterfisch

Name: ___________________________

Das ist Janniks neuer Falterfisch namens „Sheriff".

Aufgabe 1: Falterfische sind gelb und weiß gestreift. Der Streifen, der übers Auge geht und jeder zweite folgende Streifen ist gelb. Außerdem sind die Flossen gelb. Der Fleck auf der Rückenflosse ist orange und schwarz umrandet. Male „Sheriff" nun so an. Die restlichen Farben im Foto stimmen.

Aufgabe 2: Fertige nun eine Beschreibung des Falterfisches an. Erwähne Farben, Körper- und Flossenform. Schreibe auf ein Extrablatt.

Hier findest du ein paar Stichworte zur Lebensweise des Fisches. Baue sie in deine Beschreibung mit ein.

Vorkommen: *Atlantischer, Pazifischer und Indischer Ozean, ab 18 Metern Wassertiefe (und tiefer)*

Größe: *etwa 12 cm*

Nahrung: *je nach Unterart Röhrenwürmer, Korallenpolypen oder Plankton*

___/___P.

Punkte: ___/___ Note: _____ Unterschrift der Eltern: ____________

KOHL VERLAG Lernzielkontrollen Deutsch / Klasse 4 – Bestell-Nr. 12 976

Thema A) – einfach

Beschreibe, wie man seine Schuhe richtig putzt. Erwähne auch das Werkzeug, das du dafür benötigst.

Thema B) – komplex

Beschreibe, wie man beim Schreiben eines Briefes vorgeht. Denke an die wichtigen Bestandteile des Briefes. Denke auch an den Umschlag und an das, was da alles drauf muss, damit er ankommt.

Thema C) – sehr umfangreich

Beschreibe, wie man für eine zweitägige Wanderung seinen Rucksack packt. Was muss alles rein? Schreibe zuerst eine Liste. Überlege dann: Wie muss es verstaut werden?

Punkte: ____/____ Note: ______ Unterschrift der Eltern: ____________________

KOHL VERLAG Lernzielkontrollen Deutsch / Klasse 4 – Bestell-Nr. 12 976

Aufsatz: Vorgangsbeschreibung überarbeiten und zusammenfassen

Name: ____________________

Florian beschreibt seiner Klasse, wie man Apfelmus kocht

____

Also zuerst wäscht man die Äpfel und schält sie. Dann schneidet man sie in Viertel. Die Viertel schneidet man dann noch mal zweimal durch, aber erst muss noch das Kerngehäuse rausgeschnitten werden. Wir wollen ja das Kerngehäuse nicht mitkochen. Das ist ja auch zu hart und die Kerne sind bitter oder schmecken irgendwie nicht gut.

____

Die Stücke von den Äpfeln kommen jetzt in einen Kochtopf. Der muss so groß sein, dass auch noch etwas Wasser reinpasst. Am besten, er ist um ein Drittel höher als die Apfelschnitze, die schon im Topf drin sind. Dann kommt in den Topf zu den Apfelschnitzen etwas Wasser, damit sie nicht anbrennen. Das Wasser muss nicht so hoch sein wie der Kochtopf, nicht mal so hoch, dass die Äpfel bedeckt sind, sondern vielleicht so hoch, dass sie halb bedeckt sind. Denn die Äpfel sind ja selber auch flüssig, und wenn sie gekocht werden, sind sie noch flüssiger, und wenn dann so viel Wasser drin wäre, würde das Apfelmus eine ganz dünne Brühe werden. Es soll aber schon noch ein bisschen fest sein.

____

Wenn nun die Apfelstückchen eine Weile gekocht wurden, sticht man mit einer Gabel rein und testet so, ob sie schon weich sind. Sind sie noch hart, lässt man sie halt weiter kochen. Sind sie aber weich, dann zerdrückt man sie. Das kann man zwar mit der Gabel machen, geht aber nicht so gut. Deshalb ist es am besten, einen Stampfer zu nehmen. Wenn man die Äpfel klein stampft, macht das Geräusche, als wär man mit seinen Gummistiefeln im Schlamm stecken geblieben. Mir ist das mal passiert, aber das ist eine andere Geschichte. Muss ich ein andermal erzählen.

____

Jetzt ist es halt manchmal so, dass die ganze Sache noch nicht besonders süß schmeckt. Daher muss man hinterher meistens noch ein bisschen Zucker hinzufügen. Und eigentlich schmeckt es sogar noch besser, wenn man auch noch Zimt reinmischt. Aber Vorsicht: Nicht zu viel. Sonst kann es nämlich passieren, dass man sich das ganze Apfelmus damit versaut. Sagen wir mal: für einen kleinen Topf einen halben Teelöffel, für einen großen Topf einen ganzen. Und wenn das nicht genug ist, gibt man noch mal bisschen was dazu.

Aufgabe 1: *Florians Text sollte zu einer sachlichen Beschreibung werden. Streiche daher alle persönlichen und überflüssigen Sätze raus.* ____/____P.

Aufgabe 2: *Notiere nun für jeden Absatz eine stichwortartige Zwischenüberschrift und schreibe sie auf die Linien zwischen den Absätzen.* ____/____P.

Aufgabe 3: *Schreibe nun eine sachliche und knappe Zusammenfassung zu Florians Beschreibung (1–2 Sätze pro Absatz) auf ein Extrablatt. Sie soll aber alle notwendigen Arbeitsschritte in ganzen Sätzen enthalten.* ____/____P.

Aufgabe 4: *Suche eine passende Überschrift für deine Zusammenfassung.* ____/____P.

Punkte: ____/_____ Note: _______ Unterschrift der Eltern: ____________________

Lernzielkontrollen Deutsch / Klasse 4 – Bestell-Nr. 12 976
KOHL VERLAG

Name: ____________________

Im Tierheim

____

Am Samstag waren Pauline und Jannik mit ihrem Papa zusammen im Tierheim. Sie schauten sich die Hunde an und überlegten, ob sie einen adoptieren sollten. Ein netter junger Tierpfleger begleitete sie ins Hundehaus, erklärte ihnen, dass sie keine Zwingertüre öffnen dürften, und ließ sie danach alleine.

____

Es gab ungefähr zehn einzelne Hundezwinger in dem Gebäudeflügel und in jedem Zwinger lebte ein Hund. Diese hatten in ihren Zwingern Körbchen mit Decken, je einen Futternapf für Nass- und Trockenfutter und einen Wassernapf sowie Gummiknochen, Bälle und Seile zum Spielen. Vor den Zwingern lief eine Rinne vorbei, in die das Wasser laufen konnte, wenn man die Zwinger ausspritzte.

____

Der Krach in dem Hundehaus war ohrbetäubend. Fast alle Hunde sprangen am Gitter hoch und bellten wie verrückt, als Jannik und Pauline mit ihrem Papa vorbeiliefen. Manche hatten langes, zottiges Fell, andere kurzes oder ganz glattes und ein Dackel, der ganz hinten wohnte und Wastl hieß, hatte raues, struppiges Fell und eine Stelle auf dem Rücken, wo er bereits geschoren war. Auch in der Größe unterschieden sich die Hunde beträchtlich. Es gab eine Deutsche Dogge, die Papa bis zum Bauchnabel ging, und einen kleinen weißen Chihuahua, der Pauline nicht mal bis ans Knie reichte.

____

Das Gebell hallte von den Wänden wider und Jannik hielt sich die Ohren zu. Er konnte den Krach kaum aushalten. Pauline machte das alles nicht so viel aus. Sie zupfte ihren Papa am Ärmel und zog ihn zu einem Zwinger ganz weit hinten, wo zusammengekauert ein kleines braun-weiß geschecktes Etwas in einer Ecke lag und wie Espenlaub zitterte. Es hatte riesige Fledermausohren und schaute sie mit weit aufgerissenen Augen zu Tode erschrocken an. „Schau mal, Papa!", rief Pauline. „Das arme Kerlchen! Es stirbt fast vor Angst. Wollen wir es nicht mitnehmen? Es wäre auch gar nicht so groß. Wir Kinder könnten locker alleine mit ihm spazieren gehen. Bestimmt wäre es überglücklich, wenn es ein neues Zuhause bekäme." – „Lass mal sehen", entgegnete ihr Vater. Er las vor, was auf dem Schild stand: „Tapsi, weiblich, ca. 4 Jahre alt, Herkunftsland Bulgarien. Sehr ängstlich, braucht viel Geduld und Liebe. Hat schlimme Erfahrungen gemacht. Möchte gerne ein Zuhause mit einem Garten und ganz vorsichtigen Menschen haben."

____

„Vorsichtige Menschen!?", rief Pauline aus. „Das sind wir doch, Papa. Wollen wir Tapsi nicht adoptieren? Ich bin auch ganz behutsam mit ihr." Jannik hatte inzwischen die Hände von den Ohren weggenommen. „Ja, Papa", meinte auch er. „Lass uns den Tierpfleger holen." Papa kratzte sich nachdenklich hinter dem Ohr und sah Tapsi mitleidig an. Dann nickte er langsam und bedächtig.

Aufgabe 1: *Notiere dir für jeden Absatz eine stichwortartige Zwischenüberschrift. Schreibe sie auf die Linien zwischen den Absätzen. Markiere das Wichtigste zunächst im Text.*

___/___P.

Aufgabe 2: *Fasse nun jeden Absatz zu ein bis drei vollständigen Sätzen zusammen, die dessen Inhalt wiedergeben. Wähle die richtige Zeitform bei den Verben. Schreibe die Zusammenfassung auf ein Extrablatt.*

___/___P.

Punkte: ___/___ **Note:** ______ **Unterschrift der Eltern:** ______________

KOHL VERLAG Lernzielkontrollen Deutsch / Klasse 4 – Bestell-Nr. 12 976

Leseverständnis: Im Tierheim (Text S. 56)

Name: ______________________

Aufgabe 1: *Beantworte die Fragen zu den beiden ersten Absätzen. Antworte in ganzen Sätzen.*

a) Wer begleitet Pauline ins Tierheim?

____

b) Warum gehen die drei ins Tierheim?

____

c) Was erklärt der Tierpfleger den Besuchern?

____

d) Welche Dinge haben die Hunde in ihren Zwingern? Zähle sie auf.

____

e) Wie werden die Zwinger sauber gemacht?

____

___/___P.

Aufgabe 2: *Beantworte die Fragen zum dritten Absatz in ganzen Sätzen.*

a) Warum ist es im Hundehaus so laut?

____

b) Welche Arten von Fell haben die Hunde?

____

c) Was ist Wastls Besonderheit?

____

d) Zu welcher Rasse gehört der größte Hund im Hundehaus? Zu welcher der kleinste?

____

___/___P.

Aufgabe 3: *Findest du die richtige Antwort? Es geht um Absatz 4. Kreuze an.*

a) Welche Fellfarbe hat Tapsi?
schwarz ☐ schwarz-weiß gescheckt ☐ braun-weiß gescheckt ☐ grau ☐

b) Wie sehen Tapsis Ohren aus?
klein und spitz ☐ so groß wie bei einer Fledermaus ☐ Schlappohren ☐

c) Warum möchte Pauline Tapsi adoptieren?
Weil Tapsi frech ist ☐ Weil Tapsi so viel Angst hat ☐ Weil Tapsi gleich herkommt ☐

d) Woher stammt Tapsi?
Deutschland ☐ Rumänien ☐ Spanien ☐ Bulgarien ☐

e) Was braucht Tapsi laut dem Tierheim in ihrem neuen Zuhause?
Geduld und Liebe ☐ ganz viel Futter ☐ vorsichtige Menschen ☐ Spielzeug ☐

___/___P.

Punkte: ___/___ Note: ______ Unterschrift der Eltern: ______________________

Lernzielkontrollen Deutsch / Klasse 4 – Bestell-Nr. 12 976

Name: ______________________

Dickhäuter unter den Tieren

Zu den Dickhäutern zählt man vor allem Elefanten, Nashörner und Flusspferde. Sie alle leben in Afrika. Elefanten und Nashörner gibt es aber auch in Asien. Anders als in der Eiszeit, als Wollnashörner und Mammuts zeitweise sogar in Deutschland lebten, haben heute beide Tierarten kein Fell mehr, da sie die heißen Länder rund um den Äquator besiedelt haben. In Afrika zum Beispiel, wo die Elefanten täglich viele Kilometer weit durch die Savanne streifen, ist es so heiß, dass sie sich sogar in Schlammpfützen legen, um sich abzukühlen. Anschließend werfen sie den Schlamm mit dem Rüssel auf ihren Rücken und lassen ihn antrocknen. Dasselbe machen sie auch mit Sand. Beides schützt ihren Rücken vor der Sonne und der Hitze.

Warum heißen die Elefanten nun aber Dickhäuter? Nun, die Haut der Afrikanischen Elefanten ist immerhin an den dicksten Stellen vier Zentimeter dick. Sie ist tief zerfurcht und in diesen Furchen hält sich die Feuchtigkeit länger als auf der Oberfläche der Haut. Das kühlt zusätzlich.

Die größte Kühlung aber bringt es ihnen, wenn sie mit ihren Ohren wedeln, welche immerhin ein Fünftel der Körperoberfläche bedecken und so einen Luftzug erzeugen. In den Ohren gibt es sehr viele kleine Blutadern, die Körperwärme an die Luft abgeben, die Kühle aus der Luft von außen aufnehmen können und so ins Körperinnere weiterleiten.

Und die Nashörner? Nun, bei ihnen ist die Haut immerhin noch bis zu zwei Zentimetern dick – im Nacken sogar vier. Trotzdem ist diese Haut sehr empfindlich gegenüber der Sonne und den Insekten. Und so verbringt auch das Nashorn sehr viel Zeit des Tages in Schlammpfützen, um sich zu kühlen und vor den stechenden Plagegeistern zu schützen. Aber diese Tiere haben sich noch einen ganz besonderen Trick ausgedacht: Sie schlossen Freundschaft mit Vögeln, die sich nun auf ihrem Rücken aufhalten und alles aufpicken, was da nicht hingehört – den Madenhackern. Von dieser Freundschaft haben beide Arten was: Die Nashörner sind die lästigen Insekten los und die Vögel haben was zu fressen. So was nennt man eine Symbiose.

Und die Flusspferde? Nun – die liegen sowieso fast den ganzen Tag im Wasser und kühlen sich. Und kommen sie mal an Land, so produzieren sie ihre eigene Sonnenmilch, eine orangefarbene Flüssigkeit, die aus den Poren kommt.

Aufgabe 1: *Lies den Text und beantworte auf einem Extrablatt die folgenden Fragen:*

a) *Warum nennt man diese Tiere Dickhäuter? Wie dick ist ihre Haut?*
b) *Wie kühlen sich Elefanten? Nenne drei Möglichkeiten!*
c) *Wie schützen sich Nashörner gegen Insektenstiche? Nenne zwei Möglichkeiten!*
d) *Wie schützen sich Flusspferde gegen die Sonne? Nenne zwei Möglichkeiten!*

____/____P.

Aufgabe 2: *Unterstreiche die Antworten auf die folgenden Fragen im Text:*

a) *Zu welcher Zeit lebten Wollnashörner und Mammuts in Deutschland?*
b) *Wie viel von der Körperoberfläche bedecken die Ohren der Afrikanischen Elefanten?*
c) *Wie heißen die Vögel, die mit den Nashörnern zusammenleben?*
d) *Auf welchen Kontinenten leben Nashörner und Elefanten heute?*

____/____P.

Punkte: ____/_____ Note: _______ Unterschrift der Eltern: ____________________

KOHL VERLAG Lernzielkontrollen Deutsch / Klasse 4 – Bestell-Nr. 12 976

Lösungen

Test: Doppelkonsonant oder einfacher Konsonant am Wortende? (Seite 5/6)

Aufgabe 1:

a)

Kamm	Stamm	dünn	schlimm
Fett	Brett	Blut	Wut
hell	flott	Schutt	Not
Brot	dumm	Sinn	grell

b) der Kamm – die Kämme
der Stamm – die Stämme
das Fett – die Fette
das Brett – die Bretter
das Blut – ----------
die Wut – ------------
der Schutt – ------------
die Not – die Nöte
das Brot – die Brote
der Sinn – die Sinne

c) hell – heller – am hellsten
flott – flotter – am flottesten
dumm – dümmer – am dümmsten
dünn – dünner – am dünnsten
schlimm – schlimmer – am schlimmsten
grell – greller – am grellsten

Aufgabe 2:

a)

Absatz	Netz	Sack	Fleck	Kauz	Platz
Rock	dick	Filz	Glanz	Gelenk	Stück
Besitz	Scherz	blank	Plastik		

b) Statt -kk- verwendet man -ck-.

c) Statt -zz- verwendet man -tz-.

d) Beispiellösung:
das Netz – die Netze
der Scherz – die Scherze
der Fleck – die Flecken
das Gelenk – die Gelenke

Test: z oder tz am Wortende? (Seite 7/8)

Aufgabe 1:

Witz	Spatz	Klotz	Kitz
Blitz	Tanz	Pelz	Herz
Kranz	Prinz	Holz	Sturz

Aufgabe 2:

a) der Tanz – die Tänze
der Pelz – die Pelze
das Herz – die Herzen
der Kranz – die Kränze
der Prinz – die Prinzen
das Holz – die Hölzer
der Sturz – die Stürze

b) der Witz – die Witze
der Spatz – die Spatzen
der Klotz – die Klötze
das Kitz – die Kitze
der Blitz – die Blitze

Aufgabe 3:

a) Beispiellösung:
der Tanz – ich tanze – wir tanzen
der Sturz – ich stürze – wir stürzen
der Kranz – ich bekränze – wir bekränzen
das Holz – ich holze ab – wir holzen ab

b) Beispiellösung:
der Witz – witzig – witziger
der Klotz – klotzig – klotziger

Lösungen

Test: k oder ck am Wortende? (Seite 9/10)

Aufgabe 1:

die Bank	der Schrank	der Bock	das Dock	der Blick
der Sack	der Dank	krank	stark	dick
der Stock	das Gelenk	der Zweck	das Glück	blank
der Druck	das Gedeck	der Fleck	der Ruck	der Rucksack
der Block	das Getränk	das Werk	das Stück	der Pulk

Aufgabe 2:
der Schrank – die Schränke
das Gelenk – die Gelenke
das Getränk – die Getränke
die Bank – die Bänke

Aufgabe 3: Kommt nach dem kurz gesprochenen Vokal erst **noch ein anderer Konsonant**, wird nur **-k** verwendet. Kommt **nach dem Vokal direkt** das -k, so wird es zum **-ck**.

Aufgabe 4: Beispiellösung:
Drei Kinder haben ihre Rucksäcke im Bus liegen gelassen.
Sein T-Shirt hatte am Abend viele Flecken.
Alle hatten zum Würste-Braten Stöcke dabei.

Aufgabe 5:
krank – eine kranke Katze
stark – ein starker Mann
dick – ein dickes Huhn
blank – eine blanke Fensterscheibe

Test: s, ss oder ß am Wortende? (Seite 11/12)

Aufgabe 1:

der Fluss	das Fass	der Spaß	der Fuß	der Guss	das Glas
das Gras	das Maß	das Los	der Kloß	der Spieß	der Stoß
der Grieß	das Verlies	das Floß	der Genuss	das Moos	der Schoß
der Gruß	der Kuss	der Bass	das Gebiss	der Riss	der Ruß

Aufgabe 2:

a) der Fluss – die Flüsse
das Fass – die Fässer
der Guss – die Güsse
der Genuss – die Genüsse
der Kuss – die Küsse
der Bass – die Bässe
das Gebiss – die Gebisse
der Riss – die Risse

b) das Glas – die Gläser
das Gras – die Gräser
das Los – die Lose
das Verlies – die Verliese
das Moos – die Moose

Aufgabe 3:

a) Beispiellösung:
Waldemar und Eugen haben sich einige ***Späße*** erlaubt.
Richte Tante Erika herzliche ***Grüße*** aus.
Wir müssen noch Fleischstücke auf die ***Spieße*** stecken.

b) Beispiellösung:
Ich bin gegen blühende ***Gräser*** allergisch.
Auf der Kirmes haben wir uns zehn ***Lose*** gekauft.
Er füllte uns allen Limonade in die ***Gläser***.

Lösungen

Test: „das" oder „dass"? (Seite 13/14)

Aufgabe 1: **a)** das, **b)** dass, **c)** das, **d)** dass, das, **e)** dass, **f)** dass, **g)** dass, **h)** Das, **i)** dass, das, **j)** Dass, das, das

Aufgabe 2: „Das" verwenden wir als Artikel und Relativpronomen, „dass" als Konjunktion. Oder kindgemäßer ausgedrückt: „Das" kann oft durch „dieses" ersetzt werden. Es kann aber auch einen Relativsatz einleiten. In diesem Fall kann es durch „welches" ersetzt werden.

Aufgabe 3: **a)** Beispiellösung:

Wörter, die viel mit denken und sprechen zu tun haben: denken, glauben, sehen, erkennen, erklären, herausfinden, meinen, behaupten, sagen

b) Beispiellösung:

Ich **denke, dass** Fury der Sattel drückt.
Ich **sehe, dass** du recht hast.
Er **erklärte, dass** wir uns morgen um 7 Uhr vor der Schule treffen.
Forscher **haben herausgefunden, dass** Eisbären schwarze Haut haben.

Aufgabe 4: **Das** Mädchen Kira und seine Mama sind heute in einem Wildpark. **Das** ist ein großes Gelände, **das** von vielen heimischen Tieren bewohnt wird. Sie sehen, **dass** es Damhirsche, Rehe, Wildschweine und Greifvögel gibt. **Das** Reh, **das** zu ihnen sofort an den Zaun kommt, nennen sie Veronika. Dadurch, **dass** es nur ein Auge hat, kann es nicht verwechselt werden. Kira und Mama glauben aber, **dass** sich **das** Reh schon daran gewöhnt hat.

Test: „wen" oder „wenn"? (Seite 15/16)

Aufgabe 1: **a)** Wen, **b)** wenn, **c)** wen, **d)** Wenn, **e)** wen, **f)** Wen, wenn, **g)** Wenn, **h)** wenn, **i)** wenn, **j)** Wen

Aufgabe 2: Das Wörtchen „**wenn**" ist eine Konjunktion und verbindet zwei Teilsätze miteinander. Meist steht es nach einem **Komma**, manchmal auch am Satzanfang. Das Wörtchen „**wen**" ist ein Fragepronomen und wird verwendet, wenn in einem Satz nach einer **Person** gefragt wird.

Aufgabe 3: **a)** Beispiellösung:

Hast du großen Hunger, wenn du vom Fußballspielen kommst?
Findest du es schlimm, wenn man voneinander abschreibt?
Schlimmer finde ich es, wenn man sich erwischen lässt.
Ich sage dir Bescheid, wenn wir unser neues Kätzchen haben.
Wenn ich in die Schule laufe, komme ich an blühenden Bäumen vorbei.

b) Beispiellösung:

Rate mal, wen ich heute getroffen habe?
Ich wusste gar nicht, wen ich da vor mir hatte.
Ich verrate dir nachher gleich, wen deine Kusine geheiratet hat.
Wen hast du da denn grade angelächelt?
Wen möchtest ins Kino einladen?

Lösungen

Test: „den“ oder „denn“? (Seite 17/18)

Aufgabe 1: **a)** denn, **b)** Den, den, **c)** den, **d)** denn, den, **e)** denn, den,
f) denn, **g)** denn, **h)** denn, **i)** den, **j)** denn

Aufgabe 2: „Den“ steht meist bei einem Nomen als Artikel im Akkusativ oder auch als Relativpronomen. „Denn“ steht nach einem Komma vor einem Nebensatz, der zu etwas zuvor Gesagtem die Begründung liefert. Es ist ein Bindewort, eine „Konjunktion“.

Aufgabe 3: Beispiellösung:

Ich liebe unsere Pferde, denn sie sind so treu und brav.
Ich schreibe in Mathematik immer gute Noten, denn das Rechnen fällt mir leicht.
Ich gehe gerne mit Gonzo spazieren, denn er hat immer lustige Einfälle.

Aufgabe 4: Heute haben wir ~~denn~~ **den** Stall von den Kaninchen sauber gemacht. In ~~denn~~ **den** Wassernapf haben wir frisches Wasser eingefüllt, ~~den~~ **denn** es war ganz verschmutzt. ~~Denn~~ **Den** Futternapf haben die Tiere umgeworfen, ~~den~~ **denn** sie hatten miteinander gestritten und waren wild herumgerannt. Den haben wir ebenfalls wieder neu gefüllt, denn sie sollen ja frisches Futter haben. ~~Denn~~ **Den** Salat haben wir ausgetauscht, denn er war schon ganz verwelkt. Wir haben ein wenig mit ~~denn~~ **den** Tieren geschimpft.

Test: Silbentrennendes h oder Dehnungs-h? (Seite 19/20)

Aufgabe 1: (hier silbentrennendes -h- einfach unterstrichen, Dehnungs-h fett unterstrichen)

a) sehe, Bohnen, **b)** anziehen, **c)** wehen, Fahnen, **d)** drehe, Rehe, sehen,
e) anlehnen, **f)** Fähen, **g)** gehe, kühler, **h)** rumstehen, **i)** fliehen, **j)** mähen

Aufgabe 2:

a)	ich mähe	wir mähen	**b)** ich ziehe	wir ziehen
	du mähst	ihr mäht	du ziehst	ihr zieht
	er/sie/es mäht	sie mähen	er/sie/es zieht	sie ziehen
c)	ich krähe	wir krähen	**d)** ich flehe	wir flehen
	du krähst	ihr kräht	du flehst	ihr fleht
	er/sie/es kräht	sie krähen	er/sie/es fleht	sie flehen

Aufgabe 3: Wörter mit silbentrennendem -h- **trennt man vor dem -h-**.
Wörter mit Dehnungs-h **trennt man nach dem -h-**.

Aufgabe 4:

blä-hen	dre-hen	mä-hen	loh-nen
zie-hen	deh-nen	we-hen	mah-nen
zäh-len	feh-len	fle-hen	gäh-nen

Test: Substantivierung von Verben (Seite 21/22)

Aufgabe 1: **a)** zum Schwimmen, **b)** mit dem Reiten, **c)** reiten, **d)** singen, flöte, **e)** hören,
f) das Singen, ein Jaulen, **g)** beim Spazierengehen, grasen, **h)** sprechen,
i) beim Sprechen, **j)** zum Lachen

Aufgabe 2: Sie werden großgeschrieben, wenn sie als Substantive verwendet werden. Es müssen entweder Artikel oder Artikel-Präposition-Verschmelzungen dabeistehen, wie z. B. „zum“, „am“, „beim“, „fürs“.

Aufgabe 3: Beispiellösung:

Beim Radfahren habe ich meinen Rucksack verloren.
Ich ziehe zum Wandern immer feste Schuhe an.
Unser Kater verliert beim Bürsten unglaublich viele Haare.
Das Raufen macht unseren Welpen nun schon richtig Spaß.

Aufgabe 4: Beim Kochen darf man nicht reden, sonst brennt was an. Meiner Mutter ist neulich der Sonntagsbraten beim Telefonieren angebrannt, das war ärgerlich. Hast du gewusst, dass man vom Trinken gekühlter Getränke einen kalten Bauch bekommt? Außerdem musst du die Hand vor den Mund halten, wenn du beim Kauen redest. Kindern zieht man zum Essen ein Lätzchen an.

Lösungen

Test: Ä/ä oder E/e? (Seite 23/24)

Aufgabe 1: **Lückenwörter:** fährt – geschäftlich – Getreidefeldern – Ähren – glänzen – Schäfchenwolken – vermehrt – sehr – aussehen – Märchen – Pferde – Wetter – regnen – Kälbchen – erzählen – Lehrerin – Herz – Schwerlaster – sehr – gefährlich – umfällt

Aufgabe 2: Man muss überlegen, ob es ein verwandtes Wort mit A bzw. a gibt. Wörter, die zu einer solchen Wortfamilie gehören, werden mit Ä oder ä geschrieben. Gibt es aber kein solches verwandtes Wort, so schreibt man ein Wort in aller Regel mit E bzw. e.

Aufgabe 3:

fährt – fahren	geschäftlich – schaffen	glänzen – Glanz	Schäfchenwolken – Schaf
Kälbchen – Kalb	erzählen – Zahl	gefährlich – Gefahr	umfällt – umfallen

Test: Wörter mit Ä/ä und Äu/äu ableiten (Seite 25/26)

Aufgabe 1:

das Fähnchen	das Bähnchen	die Späße	die Fässer
das Gefährt	das Näschen	das Häschen	gefährlich
die Nägel	die Klärung	täglich	die Läden
die Gräser	die Kähne	die Kräfte	die Mächte

Aufgabe 2: Zu diesen Wörtern gibt es verwandte Wörter mit A- oder -a-.

Aufgabe 3:

ein Häuschen	ein Mäuschen	die Bäume	die Sträucher
verkäuflich	gebräuchlich	das Gebäude	ein Mäuerchen
ein Sträußchen	gräuslich	die Fäuste	die Bäuerin
bläulich	bräunlich		

Aufgabe 4: Zu diesen Wörtern gibt es verwandte Wörter mit Au- bzw. -au-.

Diktattexte und Wörterdiktate (Seite 27–31)

keine Lösungen, da selbsterklärend

Test: Wortarten – Nomen, Verben, Adjektive (Seite 32)

(Hier: Nomen einfach unterstrichen, Verben fett unterstrichen, Adjektive gestrichelt unterstrichen)

Aufgabe 1:

Soße	brausen	Schreibtisch	Kaffee	scharf
Blumen	will	hübsch	bunt	Schmetterling
Wildschwein	gefährlich	besichtigen	quadratisch	glänzen
Dose	filmen	Stab	bellen	Meerschweinchen

Aufgabe 2: Beispiellösung:

besitzen	–	der Besitzer	fliegen	–	der Flug
achten	–	die Achtung	kämpfen	–	der Kampf
sprechen	–	der Spruch	stürmen	–	der Stürmer

Aufgabe 3: Beispiellösung:
scharf: Die scharfe Meerrettichsoße kratzt mich im Hals.
hübsch: Ich habe Nikolai heute mit einem hübschen Mädchen zusammen gesehen.
bunt: In unserem bunten Klassenzimmer bin ich sehr gerne.
gefährlich: Die meisten Schlangen sind gefährliche Tiere.
quadratisch: Die Seiten eines Würfeln sind quadratisch.

Aufgabe 4: Beispiellösung:
Auf meinem **Schreibtisch** ist eine Pfütze aus **Kaffee** mit **Soße**.
Die **Blumen** und den **Schmetterling** verpacke ich in die **Dose**.
Das **Meerschweinchen** droht dem **Wildschwein** mit einem **Stab**.

Lösungen

Test: Wortfamilien aus Nomen, Adjektiven, Verben (Seite 33)

Aufgabe 1: (hier Wortfamilie „brauchen“ fett unterstrichen, Wortfamilie „zaubern“ einfach unterstrichen, Wortfamilie „wundern“ gestrichelt unterstrichen, Wortfamilie „malen“ gepunktet unterstrichen, Wortfamilie „funkeln“ gewellt unterstrichen)

brauchen	zaubern	wundern	gebräuchlich
malerisch	Gefunkel	Gebrauch	Zauber
wundersam	funkelnd	Gemälde	Wunder
funkeln	malen	zauberhaft	

Aufgabe 2:

Nomen	Adjektive	Verben
Gebrauch	gebräuchlich	brauchen
Zauber	zauberhaft	zaubern
Wunder	wundersam	wundern
Gemälde	malerisch	malen
Gefunkel	funkelnd	funkeln

Aufgabe 3: Sie haben alle einen gemeinsamen Wortstamm und sehen sich daher ähnlich.

Aufgabe 4: **a)** der Brauch, verbrauchen, brauchbar
b) der Zauberer, verzaubern, bezaubernd

Test: Wortarten – Nomen, Verben, Adjektive, Artikel (Seite 34)

Aufgabe 1: **a)** Namenwörter, anfassen, Artikel (Begleiter) – Bsp.: Löwenzahn, Traurigkeit
b) Zeitwörter (Tunwörter), tut (macht) – Bsp.: rennen, werfen
c) Wiewörter, wie – Bsp.: bunt, klein
d) Begleiter, Nomen, bestimmte, unbestimmte – der, die, das, ein, eine

Aufgabe 2: (Hier Nomen fett unterstrichen, Verben einfach unterstrichen, Adjektive gestrichelt unterstrichen, Artikel gewellt unterstrichen)

Chipsi und Hannibal sind zwei bunte Papageien, die in einer schönen, großen Voliere neben der Garage von Miriams Opa leben. Sie lieben sich sehr und man darf sie nie voneinander trennen. In der Voliere befinden sich verschiedene hölzerne Sitzstangen, ein großer Spiegel, in dem sie sich anschauen können, eine Papageienschaukel, ein gelber Futternapf und ein blauer Wassernapf. Der Sand in der Voliere ist sehr fein und fast weiß. Oft liegen in dem Sand kleine blaue und gelbe Federchen, die manchmal herabfallen. Miriam holt alle Federn heraus und steckt sie in eine Tüte. Die Tüte ist schon fast voll. Wenn sie einen Brief schreibt, legt sie eine Feder hinein. Oder sie klebt die Federn auf Geschenke, die sie verpackt. Chipsi und Hannibal sind schon 30 und 45 Jahre alt. Für den Winter haben sie in dem Haus einen großen Käfig, damit sie sich nicht erkälten. Hannibal kann 25 Wörter sagen. Seine Lieblingswörter klingen so: „Hau-rrrrrrruck“, „Dummkopf-zopf“, „guuuutten Morrrgen Mirrrriiiiiam“ und „Äääääääärrrdnüsse bittteschееееn“. Chipsi kennt nur ein einziges Wort. Es heißt „Telllllefoooon“. Ach so, ja: Eine Vogelbadewanne haben die beiden auch. Sie ist durchsichtig und gefüllt mit Wasser. Damit die beiden Vögel nicht alles vollspritzen können, besitzt die Badewanne ein Dach aus Plastik. Aber manchmal wird Miriam trotzdem nass.

Aufgabe 3: herausholen, stecken, schreiben, hineinlegen, kleben, verpacken

Lernzielkontrollen Deutsch / Klasse 4 – Bestell-Nr. 12 976

Lösungen

Test: Nomen in der Einzahl und Mehrzahl (Seite 35)

Aufgabe 1: Montags geht Antonio immer zum Fußballspielen. Sein Trainer Guido ist ein junger ~~Männer~~ **Mann**. Auf dem ~~Fußballplätze~~ **Fußballplatz** gibt es zwei ~~Tor~~ **Tore** und alle Linien, die man beim Spielen braucht. In der ~~Umkleidekabinen~~ **Umkleidekabine** stinkt es nach verschwitzten ~~Schuh~~ **Schuhen** und nassen ~~Kleidungsstück~~ **Kleidungsstücken**. Draußen im Freien ist die Luft besser. Manchmal ist Guidos ~~Hündinnen~~ **Hündin** Bella dabei. Sie kann sich oft nicht zurückhalten und rennt dem ~~Bälle~~ **Ball** hinterher. Sie hat auch schon ein Tor geschossen. Wenn sie den Ball erwischt, kann es sein, sie beißt rein. Einmal ging die ~~Lüfte~~ **Luft** raus. Mit den anderen ~~Mitspieler~~ **Mitspielern** versteht sich Antonio gut. Sie sind alle verrückt nach ~~Fußbällen~~ **Fußball**.

Aufgabe 2: Singular, Plural

Aufgabe 3:

a)		b)	
die Messer	—	der Delfin	der Junge
die Gabeln	die Brüche	das Becken	das Mädchen
die Bretter	die Wecker	der Park	das Gebäude
die Tafeln	—	—	das Rind
die Schnäbel	—		
die Schnüre	die Näpfe		

Test: Zeitformen des Verbs – Präsens und Präteritum Teil I (Seite 36)

Aufgabe 1: Zeitformen, Gegenwartsform, Vergangenheitsform, jetzt gerade passiert, schon länger zurückliegt

Aufgabe 2:

ich besuche	ich kaufte	du wechselst	du stricktest
ich glaube	ich kochte	du flickst	du wechseltest
ich kaufe	ich hüpfte	du lachst	du packtest
ich hüpfe	ich besuchte	du strickst	du lachtest
ich koche	ich glaubte	du packst	du flicktest

Aufgabe 3:

er schreibt	er rief	sie fährt	sie erschrak
er denkt	er warf	sie trinkt	sie lief
er ruft	er nahm	sie isst	sie trank
er wirft	er dachte	sie erschrickt	sie fuhr
er nimmt	er schrieb	sie läuft	sie aß

Aufgabe 4: Bei den Verben von Aufgabe 2 sehen die Formen von Präsens und Präteritum ähnlich aus, da sich der Wortstamm nicht verändert, nur eine andere Endung angehängt wird. Bei den Verben von Aufgabe 3 sehen Präsens und Präteritum sehr unterschiedlich aus, da der Wortstamm sich auch ändert.
Oder – kindgemäßer ausgedrückt: Bei den Verben von Aufgabe 3 verändern sich im Präteritum die Vokale und es kommt keine extra Endung dazu.
Die erstgenannten Verben heißen schwache Verben, die Letzteren starke Verben.

Lernzielkontrollen Deutsch / Klasse 4 – Bestell-Nr. 12 976
KOHL VERLAG

Lösungen

Test: Zeitformen des Verbs – Präsens und Präteritum Teil II (Seite 37)

Aufgabe 1: ~~er schreibte~~ – sie kämpfte – ~~wir fallten~~ – sie glaubten – ~~du springtest~~
~~ihr fahrtet~~ – sie wählten – ~~ich reißte~~ – ich reiste – ~~du nehmtest~~
~~sie trinkten~~ – ~~er fresste~~ – sie schaute – ~~er sehte~~ – ~~wir gehten~~
ihr brauchtet – ~~sie waschte~~ – ~~er esste~~ – es knabberte – ~~du sehtest~~

er schrieb, wir fielen, du sprangst, ihr fuhrt, ich riss, du nahmst, sie tranken, er fraß, er sah, wir gingen, sie wusch, er aß, du sahst

Aufgabe 2: gingen, gab, waren, konnten, zeigte, kam, steckte, stieß, meinte, kamen, sahen nach, war, hatten, erklärte, nickten, wussten

Aufgabe 3:

schneiden	gleiten	rennen	erkennen	blasen	stoßen
fließen	heben	brennen	streichen		

Test: Zeitformen des Verbs – Perfekt (Seite 38)

Aufgabe 1: **a)** wir haben geschrieben, **b)** du hast geglaubt, **c)** er hat geschnuppert,
d) sie hat aufgefressen, **e)** es hat geschleckt, **f)** sie sind gesprungen,
g) ihr habt gefüttert, **h)** er ist gelaufen, **i)** ich habe ausgemistet, **j)** du bist hingefahren

Aufgabe 2: Um die Perfekt-Form zu bilden, benötigt man ein ***Verb*** und ein ***Hilfsverb***. Die meisten Perfekt-Formen werden mit dem Hilfsverb ***haben*** gebildet. Bei einigen Verben wird das Perfekt mit dem Hilfverb ***sein*** gebildet. Dies sind vor allem Verben, die ***Bewegungen*** wiedergeben.

Aufgabe 3: Papa hat scharf gebremst. – ~~Emil hat schnell gerannt.~~ – Oma ist gefallen. – Pia hat geweint. – ~~Anton ist die Aufgabe gerechnet.~~ – ~~Valeria ist Geschirr gespült.~~ – ~~Tante Erika ist einen Brief geschrieben~~. – Juri ist Karussell gefahren. – ~~Helena hat auf der Schiffschaukel gewesen~~. – Pipsi hat Körner gefressen. – ~~Quietschi hat im Garten herumgerannt~~. – Savanna hat gebockt.

Emil ist schnell gerannt. – Anton hat die Aufgabe gerechnet. – Valeria hat Geschirr gespült. – Tante Erika hat einen Brief geschrieben. – Helena ist auf der Schiffschaukel gewesen. – Quietschi ist im Garten herumgerannt.

Test: Zeitformen des Verbs – Futur (Seite 39)

Aufgabe 1:

a) Die Futur-Form braucht man, um auszudrücken, was man in der Zukunft tun wird oder was in der Zukunft geschehen wird.

b) Die Futur-Form wird gebildet aus einer Personalform des ***Hilfsverbes werden*** und der ***Grundform*** eines weiteren ***Verbs***. Bsp.: wir werden spielen

Aufgabe 2: In den Sommerferien werde ich zu meiner Großmutter nach Bayern fahren. Wir werden Bergwanderungen machen und ~~gehen~~ auf einen Ponyhof. Da ~~putze~~ ich Pferde. Ich ~~reite~~ natürlich auch und ~~miste~~ die Pferdeboxen aus. Wir werden auch mal ins Kino gehen. Und ein andermal ~~besuchten~~ wir in ein großes Freilichtmuseum. Auf jeden Fall werden wir auf dem Ammersee eine Schiffsfahrt machen. Wir ~~kehren~~ dann auch ein und ~~haben~~ Limonade ~~getrunken~~ und Kuchen ~~gegessen~~. Das wird alles sehr schön werden.

In den Sommerferien werde ich zu meiner Großmutter nach Bayern fahren. Wir werden Bergwanderungen machen und auf einen Ponyhof gehen. Da werde ich Pferde putzen. Ich werde natürlich auch reiten und die Pferdeboxen ausmisten. Wir werden auch mal ins Kino gehen. Und ein andermal werden wir in ein großes Freilichtmuseum gehen. Auf jeden Fall werden wir auf dem Ammersee eine Schiffsfahrt machen. Wir werden dann auch einkehren und Limonade trinken und Kuchen essen. Das wird alles sehr schön werden.

Aufgabe 3:

a) Daniel wird zu seiner Tante nach Amerika fliegen.
b) Sina wird nach Bayern zu ihrer Freundin reisen.
c) Antonio wird nach Italien zu seiner Großmutter düsen. Seine Schwester wird ihn begleiten.
d) Tante Margot und Onkel Herbie werden nach Indien fliegen. Ihre Hündin Tipsi werden wir in Pflege nehmen.
e) Waldemar wird seine Großeltern an der Wolga besuchen. Er wird den Zug nehmen.
f) Felix wird einen Surfkurs am Bodensee machen. Da wird er nachts in einem Zelt schlafen.

Lernzielkontrollen Deutsch / Klasse 4 – Bestell-Nr. 12 976

Lösungen

Test: Vorsilben ver-, vor-, nach-, be- und ent- bei Verben (Seite 40)

Aufgabe 1:
a) vortäuschen, enttäuschen
b) versprechen, vorsprechen, nachsprechen, besprechen, entsprechen
c) verbauen, nachbauen, bebauen
d) vormalen, nachmalen, bemalen
e) verschreiben, vorschreiben, nachschreiben, beschreiben
f) verrechnen, vorrechnen, nachrechnen, berechnen
g) vertreten, vortreten, betreten
h) verspielen, vorspielen, nachspielen, bespielen
i) verlaufen, vorlaufen, belaufen, nachlaufen, entlaufen
j) verfahren, vorfahren, nachfahren, befahren

Aufgabe 2: Beispiellösungen:
a) Er hat mich enttäuscht.
b) Er musste einen langen Satz nachsprechen.
c) Er hat das Schulschiff Gorch Fock nachgebaut.
d) Nun müsste er das Schiff noch bemalen.
e) Er soll mir den Täter genau beschreiben.
f) Er möchte meine Mathe-Aufgaben nachrechnen.
g) Er vertritt heute den Bürgermeister.
h) Er hat mir eine CD mit seinem neuen Computerspiel bespielt.
i) Im Wald hat er sich halt dann verlaufen.
j) Er wird schon mit dem Auto vorfahren.

Aufgabe 3: ~~vorkleben~~ – ~~entschreiben~~ – entsprechen – vorsingen – ~~versingen~~ – bekleben – beschreiben – ~~entkleben~~ – verkleben – ~~entsingen~~ – ~~nachleuchten~~ – beleuchten – ~~verliegen~~ – vorliegen – ~~entleuchten~~ – nachsprechen – ~~nachkleben~~ – versprechen – beklauen – ~~verklauen~~ – ~~bekaufen~~ – ~~vorkaufen~~ – verkaufen – nachtragen

Test: Vorsilben ein-, aus-, auf- und ab- (Seite 41)

Aufgabe 1: **a)** einkaufen, ausrauben, ausputzen, auswischen, einladen – ausladen, einmischen, eintragen – austragen, einholen – ausholen, einkleben, eintauchen, auskämmen, ausbürsten, ausfegen, einbrechen – ausbrechen, ausrechnen, ausmalen, aussuchen

b) Beispiellösung:
Ich ***kaufe*** für die Hunde Leckerlis ***ein***.
Wenn die Jungs streiten wollen, ***mische*** ich mich nicht ***ein***.
Das schöne Bild vom Bauernhof ***male*** ich bunt ***aus***.
Ich ***kämme*** gerade Kater Leos verfilztes Fell ***aus***.

Aufgabe 2: **a)** auftauchen – abmühen – aufsteigen – ~~abschreien~~ – aufschreien – abbrechen – ~~aufstehlen~~ – abstehen – ~~auffragen~~ – abfragen – auftragen – aufessen – ~~abblähen~~ – aufjaulen – ~~abstehlen~~ – abhören – aufhören – ~~abjaulen~~ – ~~aufbellen~~ – aufschreien – ~~abschreien~~ – aufmachen – auflösen

b) Beispiellösung:
Du ***mühst*** dich mit dem Melken zu sehr ***ab***.
Du ***fragst*** deinen Bruder heute Abend noch Vokabeln ***ab***.
Du ***steigst*** bitte auf ein Pferd immer von der linken Seite ***auf***.
Du ***hörst*** jetzt ***auf***, die Enten zu jagen.

c) Konjugiert man diese Verben, so wird die Vorsilbe vom restlichen Wort getrennt.

Lösungen

Test: Nachsilben -heit, -keit, -ung und -nis (Seite 42)

Aufgabe 1:

Dunkelheit	Dankbarkeit
Geheimnis	Schönheit
Bestimmtheit	Schwierigkeit
Einsamkeit	Gesundheit
Sauberkeit	Wildnis
Finsternis	Blindheit
Betrübtheit	Feierlichkeit

Aufgabe 2:

Bestimmung	Schreibung
Rechnung	Färbung
Hindernis	Erlaubnis
Erkenntnis	Wagnis
Verdummung	Beleuchtung
Behauptung	Wahrnehmung
Verderbnis	Verlobung

Aufgabe 3: Beispiellösung:

Die ***Färbung*** des Schneehasen ändert sich im Winter.
Dass du gewonnen hast, ist eine falsche ***Behauptung***.
Ich gebe dir die ***Erlaubnis***, bei deinem Freund zu übernachten.
Auf dem Waldweg kam ein ***Hindernis***.

Aufgabe 4: ~~Behauptnis~~ – Betrübnis – Bekanntheit – ~~Beschreibnis~~ – ~~Verderbung~~ – ~~Hinderkeit~~ – ~~Rechenkeit~~ – ~~Beliebtung~~ – Verkündung – ~~Besichtigkeit~~ – ~~Berechtigtheit~~ – ~~Gescheitnis~~ – Beliebigkeit – Besonderheit – ~~Verliebtkeit~~ – ~~Dummnis~~ – ~~Lächerlichheit~~ – Erhebung – Vertiefung – ~~Klugnis~~

Seite 32 – Test: Adjektive steigern (Seite 43)

Aufgabe 1:
a) Grundform (Positiv) – 1. Steigerungsform (Komparativ) – 2. Steigerungsform (Superlativ)
b) Beispiellösung: hoch – höher – am höchsten; klug – klüger – am klügsten

Aufgabe 2:

a)	dick	dicker	am dicksten
b)	schön	schöner	am schönsten
c)	nett	netter	am nettesten
d)	gut	besser	am besten
e)	frech	frecher	am frechsten
f)	interessant	interessanter	am interessantesten
g)	lieb	lieber	am liebsten
h)	gesund	gesünder	am gesündesten

Aufgabe 3: Django und Bimbo sind zwei sehr unterschiedliche Clowns im Zirkus Torelli. Django ist größer als der kleine Bimbo, aber dafür ist Bimbo viel schlauer als Django. Wenn sie in der Manege herumturnen, zeigt sich, dass Django beweglicher ist als Bimbo. Aber Bimbo ist lustiger als Django. Aber so richtig toll wird die Show erst, wenn dann noch Valdo dazukommt. Valdo ist von allen dreien am besten. Er ist am stärksten und vor allem am witzigsten von allen dreien. Er ist tatsächlich auch viel klüger als Bimbo. Wenn nun alle drei in der Manege herumturnen, zeigt sich, dass Valdo am sportlichsten von allen dreien ist. Ja, was wäre die Zirkusnummer ohne Valdo!!! Valdo ist einfach der Knaller. Ich weiß nicht: Soll ich euch verraten, dass Valdo ein Schimpanse ist?

Lösungen

Test: Fälle beim Nomen – Grundlagen (Seite 44)

Aufgabe 1:

Lateinische Bezeichnung	Deutsche Bezeichnung
Nominativ	Wer-Fall
Dativ	Wem-Fall
Genitiv	Wessen-Fall
Akkusativ	Wen-Fall

Aufgabe 2:

Nominativ	Dativ	Genitiv	Akkusativ
der Ziegenbock	dem Ziegenbock	des Ziegenbocks	den Ziegenbock
eine Kuh	einer Kuh	einer Kuh	eine Kuh
das Pferd	dem Pferd	des Pferdes	das Pferd
ein Alligator	einem Alligator	eines Alligators	einen Alligator
die Eidechse	der Eidechse	der Eidechse	die Eidechse
ein Kaninchen	einem Kaninchen	eines Kaninchens	ein Kaninchen
ein Hahn	einem Hahn	eines Hahns	einen Hahn
die Spitzmaus	der Spitzmaus	der Spitzmaus	die Spitzmaus
das Krokodil	dem Krokodil	des Krokodils	das Krokodil

Test: Fälle beim Nomen – Anwendungen (Seite 45)

(Hier Akkusativ einfach unterstrichen, Nominativ fett unterstrichen, Dativ gestrichelt, Genitiv gewellt)

Aufgabe 1: a) **Lückenwörter:**

das Haus, die Tiere, der Junge, den Briefkasten, den Kater, den Wellensittich, dem Hasen, den Katzenkot, das Pipi, den Gummibaum, das Alpenveilchen, die Grünlilie, den Blumenstock, dessen Namen, der Schilkröte, dem Nachbarn, des Hasen, der Nachbar, dem Jungen, einen Ausflug

b) siehe Unterstreichungen bei a)

Aufgabe 2: a) **Wem** bringt Felix ein frisches Brot mit? (Dativ)
Was bringt Felix der Vermieterin mit? (Akkusativ)

b) **Wen** füttert Miriam? (Akkusativ)

c) **Wer** schreibt der Großmutter? (Nominativ)
Wem schreibt Waldemar? (Dativ)

d) **Wer** bringt dem Tierarzt eine verletzte Amsel? (Nominativ)
Wem bringt Nikolai eine verletzte Amsel? (Dativ)

Lösungen

Test: Satzglieder – Subjekt, Prädikat, Akkusativobjekt (Seite 46)

Aufgabe 1: Lückenwörter: Satzteile (Satzglieder), Satzes, mehreren, wer, Nomen, Prädikat

Aufgabe 2: **a)** (Hier Subjekt fett unterstrichen, Prädikat einfach unterstrichen, Akkusativobjekt gestrichelt unterstrichen)

Tante Marianne hat mir eine Vogeltränke geschenkt.

Chipsi zwickt Hannibal mit seinem Schnabel.

Ida fährt ihr Kaninchen Wurzel im Kinderwagen spazieren.

Georgios hat soeben die Schildkröte beobachtet.

Valeria weint laut.

Gonzo bringt voll Freude seinen neuen Ball.

Chipper bellt ohrbetäubend.

b) Tante Marianne (Wer?) hat (Was tut?) mir eine Vogeltränke (Was?) geschenkt (Was tut?).

Chipsi (Wer?) zwickt (Was tut?) Hannibal (Wen?) mit seinem Schnabel.

Ida (Wer?) fährt (Was tut?) ihr Kaninchen Wurzel (Wen?) im Kinderwagen spazieren (Was tut?).

Georgios (Wer?) hat (Was tut?) soeben die Schildkröte (Wen?) beobachtet (Was tut?).

Valeria (Wer?) weint (Was tut?) laut.

Gonzo (Wer?) bringt (Was tut?) voll Freude seinen neuen Ball (Was?).

Chipper (Wer?) bellt (Was tut?) ohrbetäubend.

Aufgabe 3: Individuelle Lösungen

Test: Satzglieder – Akkusativobjekt und Dativobjekt (Seite 47)

Aufgabe 1: **a)** Akkusativ: Wen/Was?
b) Dativ: Wem?

Aufgabe 2:
a) Meine Freundin schenkt mir ihr altes Fahrrad.
b) Ein guter Hirte kann seinen Schafen die Klauen schneiden.
c) Meine Oma versteckt mir meine Ostereier unterm Haselbusch.
d) Der Zahnarzt zieht Sina einen Zahn.
e) Unser Sportlehrer holt uns eine Matte.
f) Chipper bringt Christian seinen Ball.
g) Jannik nimmt Gonzo den Knochen weg.

Aufgabe 3:
Zu **a)** Was schenkt mir meine Freundin?
Wem schenkt meine Freundin ihr altes Fahrrad?

Zu **c)** Was versteckt mir meine Oma unterm Haselbusch?
Wem versteckt meine Oma die Ostereier unterm Haselbusch?

Zu **e)** Was holt uns unser Sportlehrer?
Wem holt unser Sportlehrer eine Matte?

Zu **g)** Was nimmt Jannik Gonzo weg?
Wem nimmt Jannik den Knochen weg?

Lösungen

Test: Wörtliche Rede – Grundlagen (Seite 48)

Aufgabe 1: Lückenwörter: gesprochen, Anführungszeichen (Gänsefüßchen), Anführungszeichen (Gänsefüßchen), Redebegleitsatz

Aufgabe 2: (hier wörtliche Rede fett unterstrichen, Begleitsatz gestrichelt unterstrichen, Satzzeichen markiert)

a) Florian jammert: „Schon wieder ausmisten. Ich hasse diese Arbeit so!"
b) „Und ich liebe es zu misten", antwortet Sina begeistert.
c) „Was machen", fragt Winnie neugierig, „eigentlich eure Schafe? Immer noch so verfressen?"
d) „Ich glaube", antwortet Florian, „sie gewöhnen sich nun so langsam an das frische Grün."
e) Waldemar erklärt: „Unsere Schafe bei meiner Oma sind das ganze Jahr auf der Weide. Die kennen keinen Stall."
f) „Blöder Zweibeiner! Soll er doch selber mal in so einem Gestank sitzen. Vielleicht mistet er dann lieber!", brummt Flöckchen.

Aufgabe 3: a) Frau Ölkuch ordnet an: „Ihr nehmt jetzt eure Lesebücher raus und arbeitet was."
b) Herr Seltmann erklärt: „Morgen fahren wir in einen Freizeitpark. Nehmt bitte alle ein Vesper und Regenkleider mit."
c) „Jule hat gestern was Tolles erlebt!", ruft Nikolai dazwischen.
d) „Na, dann raus mit der Sprache!", meint Frau Ölkuch.
e) „Ich weiß gar nicht", meint Jule, „wo ich anfangen soll. Es war alles so aufregend und ich bin noch ganz durcheinander."
f) „Jetzt", antwortet Frau Ölkuch, „sind wir natürlich erst recht gespannt. Komm, spann uns nicht auf die Folter!"

Test: Wörtliche Rede – Anwendungen (Seite 49)

Aufgabe 1: a) Jule fragt Jasmin: „Kommst du auch zu Savannas Geburtstagsfeier? Sie findet im Stall statt."
b) „Ich war noch nie in einem Stall", erklärt Jasmin.
c) „Na", meint Jule, „dann wird es aber Zeit. Es gibt ja nichts Schöneres!"
d) Helena will wissen: „Bekommt Savanna eigentlich auch ein Geburtstagsgeschenk?"
e) „Ja, klar doch! Mama hat ihr doch extra eine Heu-Torte gebacken!", ruft Jule aus.

Aufgabe 2: Juri erzählt: „Ich bin in den Ferien Sommerbobbahn gefahren."
„Ich habe bei meinem Freund Emilio übernachtet", berichtet Juri.
Juri sagt: „Ich habe meine Oma in Hannover besucht."

Aufgabe 3: Individuelle Lösungen

Lösungen

Test: Sprichwörter und Redewendungen (Seite 50)

Aufgabe 1:

Der frühe Vogel	muss fühlen.
Morgenstund hat	die Taube auf dem Dach.
Schuster, bleib bei	was glänzt.
Wer nicht hören will,	fängt den Wurm.
Auch ein blindes Huhn	Schmied.
Er sieht den Wald	Gold im Mund.
Das schlägt dem Fass	deinen Leisten.
Es ist nicht alles Gold,	findet mal ein Korn.
Jeder ist seines Glückes	den Boden aus.
Lieber den Spatz in der Hand als	vor lauter Bäumen nicht.

Aufgabe 2: Beispiellösungen:

Der frühe Vogel fängt den Wurm: Wer früh aufsteht und in den Tag startet, hat Erfolg bei seinem Tun.
Morgenstund hat Gold im Mund: Morgens schafft man am meisten von seiner Arbeit.
Schuster, bleib bei deinen Leisten: Halte dich an das, was du gut kannst.
Jeder ist seines Glückes Schmied: Jeder muss selber zusehen, dass er glücklich wird.
Lieber den Spatz in der Hand, als die Taube auf dem Dach: Lieber erreichbare Ziele anstreben, als zu hoch hinauswollen.

Aufgabe 3: Ein Sprichwort besteht meistens aus einem ganzen Satz und enthält eine Lebensweisheit. Eine Redewendung kann auch nur aus ein paar Wörtern bestehen und stellt oft Dinge bildlich dar.

Aufgabe 4:
- **a)** Jemandem einen Bären aufbinden
- **b)** Jemandem etwas in die Schuhe schieben
- **c)** Jemanden übers Ohr hauen
- **d)** Jemandem auf der Nase herumtanzen
- **e)** Mit Kanonen auf Spatzen schießen
- **f)** Nur Bahnhof verstehen
- **g)** Sich freuen wie ein Schneekönig

Aufsatz: Erzählung überarbeiten – Im Urzeitmuseum (Seite 51)

Aufgabe 1a: keine Lösung

Aufgabe 1b: Die Satzanfänge sind fast alle gleich. Viele Beschreibungen sind ungenau und vage. Der Text wirkt langweilig und so, als ob es Olivia keinen Spaß gemacht hätte, im Museum zu sein.

Aufgabe 2: Beispiellösung:

<u>Zurück in die Urzeit</u>

Am Wochenende war ich mit meinen Eltern im Urzeitmuseum. Dort gab es viele Vitrinen mit urzeitlichen Werkzeugen und Materialien. Sie waren alle beschriftet. Z. B. gab es Messer aus Feuersteinen und Nadeln aus Knochen.

An der Kasse gab es Bücher zu kaufen. Dort habe ich mir ein Buch ausgesucht. Es heißt „Den Neandertalern auf der Spur“. Im Urzeitmuseum gab es auch eine Malecke. Ich habe mich dort hingesetzt und ein Mammut gemalt. Dann kam eine Aufseherin und fragte mich, ob ich einen Film sehen möchte. Sie hat mir den Film angeschaltet und es waren dort lauter Frauen zu sehen, die mit einer Knochennadel Kleidungsstücke bearbeiteten. Auf einmal gab es einen großen Tumult. Ein Säbelzahntiger kam angeschlichen. Die Frauen rannten alle auseinander und schrien fürchterlich. Gleich darauf kamen jedoch die Männer mit ihren Pfeilen und erlegten den Säbelzahntiger. Damit war der Film zu Ende.

Lösungen

Aufsatz: Erzählung überarbeiten – Das Unglück mit einer Amsel (Seite 52)

Aufgabe 1a: keine Lösung

Aufgabe 1b: Die Satzanfänge sind alle gleichförmig und die Sätze kurz und sehr einfach. Es fehlt die Spannung, obwohl sehr spannende Dinge passieren.

Aufgabe 2: Beispiellösung:

Die Amsel

Letzte Woche ist etwas Schlimmes passiert. Eine Amsel ist bei uns gegen die Terrassentür geknallt und fiel sofort zu Boden. Da lag sie nun. Was tun? Nun, ich rannte rüber zu Pauline und Jannik und erzählte ihnen alles. Die waren gerade beim Essen, waren aber bereit mitzukommen. Ich erklärte ihnen, was wir alles brauchten: etwas zum Zudecken, etwas, um die Amsel hineinzulegen, und eine Schnur oder etwas Ähnliches, um den Karton mit der Amsel auf dem Gepäckträger vom Fahrrad festzubinden. Denn schließlich mussten wir mit ihr zum Tierarzt. Womöglich war sie sogar schon tot. Dann brauchten wir etwas, worin wir sie bestatten konnten. Während wir noch redeten, passierte es auf einmal. Ein Käfer flog mir in den Mund und ich verschluckte mich an ihm und musste husten. Pauline gab mir was zu trinken, aber da verschluckte ich mich daran auch noch. Die Folge war: Ich musste noch mehr husten. Aber dann flitzten wir schnell rüber, zu uns in den Garten, bevor noch mehr passieren konnte. Doch wie seltsam: Die Amsel lag gar nicht mehr da. Pauline glaubte anscheinend, ich wollte sie auf den Arm nehmen und rannte beleidigt zurück in ihren Garten. Komisch. Wegen so was muss man doch nicht gleich beleidigt sein.

Aufsatz: Beschreibung – Falterfisch (Seite 53)

Aufgabe 1: Beispiellösung

Aufgabe 2: Beispiellösung

Falterfische haben einen sehr hohen und schmalen Körper, der zum Maul hin immer spitzer wird. Das Maul sieht wie ein Vogelschnabel aus. Die Rückenflosse geht durch bis zum Schwanz. Der Falterfisch „Sheriff" hat breite gelbe und weiße Streifen. Ein gelber Streifen geht direkt über sein schwarzes Auge. Die Flossen des Falterfisches sind ebenfalls alle gelb, aber die Rückenflosse hat einen schwarzen Rand (Saum). An seinem Hinterteil hat „Sheriff" einen großen schwarzen Punkt, der fast wie ein Auge aussieht. Er ist orange und noch einmal schwarz umrandet. Bevor die gelbe Schwanzflosse beginnt, hat „Sheriff" noch einen schwarzen Streifen.

Falterfische kommen im Atlantischen, Pazifischen und Indischen Ozean vor. Sie leben in 18 Metern Tiefe, manche sogar noch tiefer. Sie werden ungefähr 12 cm groß und fressen Röhrenwürmer, Korallenpolypen oder Plankton. Das hängt von der Art des Fisches ab.

Lösungen

Vorgangsbeschreibungen (Seite 54)

Themen A–C: individuelle Lösungen

Aufsatz: Vorgangsbeschreibung überarbeiten und zusammenfassen (Seite 55)

Aufgaben 1/2: durchgestrichene Stellen (1) und eingefügte Zwischenüberschriften (2)

Äpfel zurechtschneiden
~~Also~~ zuerst wäscht man die Äpfel und schält sie. Dann schneidet man sie in Viertel. Die Viertel schneidet man dann noch mal zweimal durch, aber erst muss noch das Kerngehäuse rausgeschnitten werden. ~~Wir wollen ja das Kerngehäuse nicht mitkochen. Das ist ja auch zu hart und die Kerne sind bitter oder schmecken irgendwie nicht gut~~.

Apfel in den Kochtopf geben, Wasser zugeben und Äpfel kochen
Die Stücke von den Äpfeln kommen jetzt in einen Kochtopf. Der muss so groß sein, dass auch noch etwas Wasser reinpasst. Am besten, er ist um ein Drittel höher als die Apfelschnitze, die schon im Topf drin sind. Dann kommt in den Topf zu den Apfelschnitzen etwas Wasser, damit sie nicht anbrennen. ~~Das Wasser muss nicht so hoch sein wie der Kochtopf, nicht mal so hoch, dass die Äpfel bedeckt sind, sondern~~ vielleicht so hoch, dass sie halb bedeckt sind. ~~Denn die Äpfel sind ja selber auch flüssig, und wenn sie gekocht werden, sind sie noch flüssiger, und wenn dann so viel Wasser drin wäre, würde~~ das Apfelmus ~~eine ganz dünne Brühe werden. Es~~ soll schon noch ein bisschen fest sein.

Weichheit überprüfen und Äpfel zerdrücken
Wenn nun die Apfelstückchen eine Weile gekocht wurden, sticht man mit einer Gabel rein und testet so, ob sie schon weich sind. ~~Sind sie noch hart, lässt man sie halt weiter kochen~~. Sind sie ~~aber~~ weich, dann zerdrückt man sie. ~~Das kann man zwar mit der Gabel machen, geht aber nicht so gut~~. Deshalb ist es am besten, einen Stampfer zu nehmen. ~~Wenn man die Äpfel klein stampft, macht das Geräusche, als wär man mit seinen Gummistiefeln im Schlamm stecken geblieben. Mir ist das mal passiert, aber das ist eine andere Geschichte. Muss ich ein andermal erzählen~~.

Apfelmus mit Zimt und Zucker würzen
Jetzt ist es halt manchmal so, dass die ganze Sache noch nicht besonders süß schmeckt. Daher muss man hinterher meistens noch ein bisschen Zucker hinzufügen. Und eigentlich schmeckt es sogar noch besser, wenn man auch noch Zimt reinmischt. Aber Vorsicht: Nicht zu viel. ~~Sonst kann es nämlich passieren, dass man sich das ganze Apfelmus damit versaut~~. Sagen wir mal: für einen kleinen Topf einen halben Teelöffel, für einen großen Topf einen ganzen. Und wenn das nicht genug ist, gibt man noch mal bisschen ~~Zucker und Zimt~~ dazu.

Aufgabe 3: Beispiellösung:
Wenn man Apfelmus kochen will, wäscht man zunächst die Äpfel, diese dann schälen, in etwa zwölf Schnitze schneiden und das Kerngehäuse rausschneiden.
Nun gibt man die Apfelschnitze in einen Topf, der um etwa ein Drittel höher ist als die Schnitze und bedeckt sie zur Hälfte mit Wasser.
Nach vielleicht 10 Minuten sticht man mit einer Gabel in die Äpfelstücke hinein, um zu prüfen, ob sie schon weich sind. Falls dies so ist, zerstampft man sie mit einem Stampfer zu Mus.
Meist muss man hinterher noch etwas Zucker hinzufügen. Noch besser schmeckt das Apfelmus, wenn zusätzlich noch etwas Zimt hinzugegeben wird. Aber Vorsicht – nicht zu viel. Für einen kleinen Topf reicht ein halber Teelöffel, für einen großen ein ganzer. Notfalls kann man nachträglich noch ein wenig Zimt und Zucker hinzugeben.

Aufgabe 4: Überschrift: **Anleitung zum Kochen von Apfelmus, Wie man Apfelmus kocht**

Lösungen

Aufsatz: Texte zusammenfassen (Seite 56)

Aufgabe 1: Zwischenüberschriften in Stichwörtern – Beispiellösung:
Warum die drei ins Tierheim gehen
Wie es in den Hundezwingern aussieht
Welche Hunde es gibt und wie sie sich verhalten
Tapsi wird vorgestellt
Die Entscheidung

Aufgabe 2: Beispiellösung:
Pauline geht mit ihrem Bruder und ihrem Vater ins Tierheim. Sie haben Interesse an einem Hund. Der Tierpfleger erklärt ihnen, dass sie keinen der Zwinger alleine öffnen dürfen.
Es gibt etwa zehn Hundezwinger in dem Gebäude. Die Tiere haben Futter- und Wasserschüsseln, ein Körbchen und verschiedene Spielsachen in ihren Zwingern.
Die Hunde haben sehr unterschiedliches Fell und sind sehr verschieden in der Größe. Sie sind sehr laut.
Pauline entdeckt ganz hinten die kleine Tapsi. Diese ist sehr ängstlich und kommt aus Bulgarien. Pauline möchte das arme Tier hier herausholen.
Pauline und Jannik überreden ihren Vater, Tapsi zu adoptieren. Er ist einverstanden.

Lesetest: Fragen zu Seite 56 (Seite 57)

Aufgabe 1:
- **a)** Pauline geht mit ihrem Bruder Jannik und ihrem Vater ins Tierheim.
- **b)** Sie haben Interesse an einem Hund.
- **c)** Er erklärt, dass sie keine Zwingertüren öffnen dürfen.
- **d)** Sie haben in ihren Zwingern Körbchen, Futter- und Wassernäpfe, Bälle, Seile und Gummiknochen.
- **e)** Die Zwinger werden mit einem Wasserschlauch ausgespritzt.

Aufgabe 2:
- **a)** Alle Hunde springen am Gitter hoch und bellen schrecklich laut.
- **b)** Manche haben langes und zottiges, andere ganz kurzes oder ganz glattes Fell. Wastl hat ein struppiges, raues Fell.
- **c)** Wastl ist am Rücken ein wenig geschoren worden.
- **d)** Der größte Hund ist eine Dogge, der kleinste ein Chihuahua.

Aufgabe 3:
- **a)** braun-weiß gescheckt
- **b)** Sie hat Ohren wie eine Fledermaus.
- **c)** weil Tapsi so viel Angst hat
- **d)** Bulgarien
- **e)** viel Geduld und Liebe, vorsichtige Menschen

Lösungen

Sachtexte erschließen (Seite 58)

Aufgabe 1:
a) Sie haben alle eine sehr dicke Haut – bei Afrikanischen Elefanten bis zu 4 cm, bei Nashörnern bis zu 2 cm am Körper und im Nacken ebenfalls 4 cm.
b) Sie legen sich in Schlammpfützen, werfen Sand und Schlamm auf ihren Rücken und erzeugen Wind mit ihren großen Ohren.
c) Sie legen sich in Schlammpfützen und tun sich mit Vögeln zusammen, die ihnen das Ungeziefer wegpicken.
d) Sie liegen den ganzen Tag im Wasser. Ihre Poren produzieren eine orangefarbene Flüssigkeit, die sie gegen die Sonne schützt.

Aufgabe 2: Dickhäuter unter den Tieren

Zu den Dickhäutern zählt man vor allem Elefanten, Nashörner und Flusspferde. Sie alle leben in Afrika (d), Elefanten und Nashörner gibt es aber auch in Asien (d). Anders als in der Eiszeit (a), als Wollnashörner und Mammuts zeitweise sogar in Deutschland lebten, haben heute beide Tierarten kein Fell mehr, da sie die heißen Länder rund um den Äquator besiedelt haben. In Afrika zum Beispiel, wo die Elefanten täglich viele Kilometer weit durch die Savanne streifen, ist es so heiß, dass sie sich sogar in Schlammpfützen legen, um sich abzukühlen. Anschließend werfen sie den Schlamm mit dem Rüssel auf ihren Rücken und lassen ihn antrocknen. Dasselbe machen sie auch mit Sand. Beides schützt ihren Rücken vor der Sonne und der Hitze.

Warum heißen die Elefanten nun aber Dickhäuter? Nun, die Haut der Afrikanischen Elefanten ist immerhin an den dicksten Stellen vier Zentimeter dick. Sie ist tief zerfurcht und in diesen Furchen hält sich die Feuchtigkeit länger als auf der Oberfläche der Haut. Das kühlt zusätzlich.

Die größte Kühlung aber bringt es ihnen, wenn sie mit ihren Ohren wedeln, welche immerhin ein Fünftel der Körperoberfläche (b) bedecken sollen, und so einen Luftzug erzeugen. In den Ohren gibt es sehr viele kleine Blutadern, die so dann die Körperwärme an die Luft abgeben, die Kühle aus der Luft von außen aufnehmen können und so ins Körperinnere weiterleiten.

Und die Nashörner? Nun, bei ihnen ist die Haut immerhin noch bis zu zwei Zentimetern dick – ja, im Nacken sogar vier. Trotzdem ist diese Haut sehr empfindlich gegenüber der Sonne und den Insekten. Und so verbringt auch das Nashorn sehr viel Zeit des Tages in Schlammpfützen, um sich zu kühlen und vor den stechenden Plagegeistern zu schützen. Aber diese Tiere haben sich noch einen ganz besonderen Trick ausgedacht: Sie schlossen Freundschaft mit Vögeln, die sich nun auf ihrem Rücken aufhalten und alles aufpicken, was da nicht hingehört – den Madenhackern (c).

Von dieser Freundschaft haben beide Arten was: Die Nashörner sind die lästigen Insekten los und die Vögel haben was zu fressen. So was nennt man eine Symbiose.

Und die Flusspferde? Nun – die liegen sowieso fast den ganzen Tag im Wasser und kühlen sich. Und kommen sie mal an Land, so produzieren sie ihre eigene Sonnenmilch, eine orangefarbene Flüssigkeit, die aus den Poren kommt.

Lernzielkontrollen Deutsch / Klasse 4 – Bestell-Nr. 12 976